DESBLOQUEAR EL PODER DE LA RADIO BAOFENG

Una guía comunicación guerrilla para
supervivencia y preparación

LOGAN CALEB TYLER

Tabla de contenido

INTRODUCCIÓN

Comprender la importancia de la comunicación en situaciones de supervivencia

La comunicación es vital en emergencias y situaciones de supervivencia. Ya sea que se encuentre en la naturaleza, enfrentando un desastre natural o enfrentando cualquier crisis, poder enviar y recibir información de manera rápida y confiable puede marcar una diferencia significativa. Por ejemplo, imagina estar perdido en un denso bosque. Tener una forma de comunicar su ubicación a los equipos de rescate podría marcar la diferencia entre ser encontrado rápidamente y pasar días tratando de sobrevivir solo. De manera similar, después de un terremoto, cuando las redes de comunicación tradicionales pueden fallar, tener una forma confiable de comunicarse con familiares, amigos o servicios de emergencia puede ser literalmente un salvavidas. Estos escenarios resaltan cuán crucial es la comunicación para mantener la seguridad y coordinar los esfuerzos de rescate.

Las radios Baofeng son particularmente populares entre los supervivientes y los entusiastas de la preparación para emergencias por varias razones. Estos transceptores portátiles, a menudo llamados radioaficionados, son conocidos por su versatilidad, asequibilidad y facilidad de uso. Una de las características más atractivas de las radios Baofeng es su capacidad para funcionar en una amplia gama de frecuencias. Esta flexibilidad permite a los usuarios comunicarse en diferentes canales, lo que garantiza que puedan encontrar una línea de comunicación clara incluso cuando ciertas frecuencias estén congestionadas.

Además, las radios Baofeng vienen equipadas con capacidades de doble banda, lo que significa que pueden transmitir y recibir en las bandas VHF (muy alta frecuencia) y UHF (ultra alta frecuencia). VHF es excelente para áreas abiertas con poca obstrucción, lo que lo hace ideal para uso en exteriores, mientras que UHF es más adecuado para entornos urbanos donde los edificios y otras estructuras pueden bloquear las señales. Esta funcionalidad de doble banda garantiza que los usuarios puedan mantener la comunicación en una variedad de entornos, desde espacios abiertos hasta ciudades densamente pobladas.

Otra característica clave de las radios Baofeng es su naturaleza programable. Los usuarios pueden ingresar frecuencias manualmente y guardar canales según sus necesidades. Esta personalización permite un acceso rápido a frecuencias importantes, ya sea un canal de servicios de emergencia local, una transmisión meteorológica o un canal de comunicación familiar designado. Muchos modelos Baofeng también admiten programación de software, lo que facilita aún más la configuración y organización de canales mediante una computadora.

La duración de la batería es otro factor crítico al considerar un dispositivo de comunicación para situaciones de supervivencia. Las radios Baofeng suelen ofrecer un rendimiento de batería de larga duración, lo que garantiza que permanezcan operativas durante períodos prolongados. Además, la mayoría de los modelos admiten múltiples fuentes de energía, incluidas baterías recargables, baterías AA o AAA e incluso adaptadores para baterías de automóvil. Esta versatilidad en las opciones de energía significa que los usuarios pueden mantener sus radios cargadas y listas, incluso en situaciones donde no hay electricidad disponible.

La durabilidad y la portabilidad son esenciales para cualquier equipo de supervivencia, y las radios Baofeng también destacan en estas áreas. Estas radios están diseñadas para soportar condiciones difíciles, y muchos modelos cuentan con estuches resistentes al agua o impermeables, construcción robusta y diseños compactos que caben fácilmente en mochilas o bolsillos. Su naturaleza liviana garantiza que puedan transportarse sin agregar una carga significativa, lo que los convierte en una opción ideal para quienes necesitan permanecer móviles durante emergencias.

Una característica que distingue a las radios Baofeng es la inclusión de linternas integradas en algunos modelos. Esto puede parecer una pequeña adición, pero en situaciones de supervivencia, tener una fuente de luz confiable puede ser increíblemente beneficioso. Ya sea que necesite pedir ayuda, navegar en la oscuridad o realizar tareas con visibilidad limitada, la linterna incorporada agrega otra capa de funcionalidad al dispositivo.

Las radios Baofeng también admiten el uso de accesorios externos, como antenas extendidas para una mejor recepción de la señal, micrófonos con altavoz para funcionamiento con manos libres y varias opciones de montaje para vehículos o uso doméstico. Estos accesorios mejoran las capacidades de las radios y garantizan que los usuarios puedan adaptar su configuración de comunicación a sus necesidades específicas.

La comunicación durante las emergencias no se trata sólo de mantenerse en contacto; también se trata de recibir información crítica. Las radios Baofeng pueden sintonizar transmisiones meteorológicas, alertas de emergencia y otras actualizaciones importantes, manteniendo a los usuarios informados sobre la evolución de las situaciones. Este acceso a información en tiempo real es crucial para tomar decisiones informadas, ya sea encontrar la ruta más segura para salir de una zona de peligro o saber cuándo se acerca una tormenta.

La popularidad de las radios Baofeng entre los supervivientes también se debe a su asequibilidad. En comparación con otros dispositivos de comunicación con capacidades similares, las radios

Baofeng ofrecen una solución rentable sin comprometer funciones esenciales. Esta asequibilidad significa que más personas pueden equiparse con herramientas de comunicación confiables, mejorando la preparación general de las comunidades.

Para aquellos nuevos en las comunicaciones por radio, las radios Baofeng son fáciles de usar y vienen con una variedad de recursos para ayudar a los usuarios a comenzar. Existen numerosos tutoriales en línea, guías de usuario y foros comunitarios donde los usuarios pueden aprender sobre programación, operación y mantenimiento de sus radios. Esta gran cantidad de información garantiza que incluso los principiantes puedan dominar rápidamente el uso de sus dispositivos.

No se puede subestimar el papel fundamental de la comunicación en situaciones de supervivencia. Ya sea que esté navegando por la naturaleza, lidiando con un desastre natural o preparándose para cualquier crisis imprevista, tener un dispositivo de comunicación confiable es esencial. Las radios Baofeng ofrecen una opción versátil, asequible y fácil de usar que satisface las necesidades tanto de principiantes como de usuarios experimentados. Su amplia gama de características, que incluyen capacidades de doble banda, canales programables, batería de larga duración, durabilidad y la capacidad de recibir transmisiones importantes, los convierten en una herramienta invaluable para cualquiera que busque mejorar su preparación para emergencias. Al equiparse con una radio Baofeng, está dando un paso importante para garantizar su seguridad y la de sus seres queridos en cualquier escenario de supervivencia.

CAPÍTULO 1

Primeros pasos con las radios Baofeng

Elegir el modelo Baofeng adecuado para sus necesidades

Elegir el modelo de radio Baofeng correcto es un paso importante para garantizar que tenga la mejor herramienta de comunicación para sus necesidades. Con varios modelos disponibles, cada uno de los cuales ofrece características diferentes, es esencial comprender qué puede hacer cada modelo y cómo encaja en diferentes escenarios.

Al seleccionar una radio Baofeng, considere para qué la utilizará. Si planea usar su radio para actividades al aire libre como caminar o acampar, querrá un modelo que sea duradero y que tenga una batería de larga duración. El Baofeng UV-5R es una opción popular para los entusiastas del aire libre. Es resistente, compacto y tiene una buena duración de batería, lo que lo hace confiable en el campo. Su capacidad de doble banda significa que puede operar en frecuencias VHF y UHF, lo que permite una comunicación flexible según su entorno.

Para aquellos interesados en la preparación para emergencias, un modelo como el Baofeng BF-F8HP podría ser más adecuado. Este modelo es una actualización del UV-5R y ofrece más potencia, lo que se traduce en un alcance más amplio. En emergencias, la capacidad de comunicarse a distancias mayores puede ser crucial. El BF-F8HP también tiene una batería más robusta, lo que garantiza que dure más entre cargas. Esto es particularmente importante en situaciones donde las fuentes de energía pueden ser escasas.

Si eres nuevo en el uso de radios y quieres algo sencillo, el Baofeng UV-82 es una excelente opción. Es conocido por su facilidad de uso y confiabilidad.

El UV-82 cuenta con un altavoz más grande que proporciona un audio claro y alto, lo que resulta beneficioso en entornos ruidosos. Además, tiene una interfaz más fácil de usar, lo que facilita el comienzo para los principiantes. Su construcción duradera y su buena duración de la batería lo convierten en una opción sólida para el uso diario y las emergencias.

Para aquellos que buscan utilizar su radio Baofeng en un entorno urbano, donde los edificios y otras estructuras pueden interferir con las señales, el Baofeng UV-5X3 podría ser la mejor opción. Este modelo admite frecuencias de tres bandas, incluida la banda de 1,25 metros, que puede estar menos concurrida y ser más confiable en entornos urbanos. El UV-5X3 también ofrece funciones avanzadas como la capacidad de monitorear tres bandas simultáneamente, lo que facilita permanecer conectado en múltiples canales.

Otra consideración importante es si necesita funciones adicionales como una linterna incorporada o una alarma de emergencia. El Baofeng UV-5RE es similar al UV-5R pero incluye estas características adicionales. La linterna puede resultar muy útil en situaciones de poca luz y la alarma de emergencia puede utilizarse para llamar la atención si se encuentra en una situación peligrosa.

La duración de la batería es un factor crítico a la hora de elegir una radio Baofeng. Los diferentes modelos vienen con diferentes capacidades de batería y algunos ofrecen la opción de usar baterías extendidas. Por ejemplo, el Baofeng UV-5REX tiene una opción de batería de alta capacidad, que proporciona un tiempo de uso más prolongado. Si espera encontrarse en situaciones en las que recargar la batería puede ser un desafío, puede resultar beneficioso optar por un modelo con una batería más grande o la capacidad de utilizar fuentes de energía alternativas, como baterías AA.

La durabilidad es otro aspecto clave a considerar. Las radios utilizadas en exteriores o en entornos hostiles deben resistir caídas, agua y polvo. Modelos como el Baofeng GT-3WP están diseñados con resistencia al agua, lo que los hace más adecuados para condiciones húmedas. El GT-3WP también está diseñado para soportar un uso rudo, lo que lo convierte en una opción confiable para aventuras más difíciles.

Las capacidades de programación también pueden influir en su elección. Algunas radios Baofeng se pueden programar manualmente usando el teclado, mientras que otras pueden requerir software para configuraciones más complejas. El Baofeng UV-5R, por ejemplo, permite la programación manual pero también se puede programar mediante software como CHIRP, que simplifica el proceso y ofrece más opciones de personalización.

Considere el soporte y accesorios disponibles para cada modelo. Algunas radios tienen una gama más amplia de accesorios compatibles, como antenas extendidas, micrófonos con altavoz y paquetes de baterías. El Baofeng BF-F8HP, por ejemplo, tiene una gran variedad de accesorios disponibles, lo que le permite personalizar su configuración para que se adapte mejor a sus necesidades.

Al elegir una radio Baofeng, también es útil consultar las opiniones de los usuarios y los comentarios de la comunidad. Muchos usuarios comparten sus experiencias en línea y brindan información sobre el rendimiento y la confiabilidad de diferentes modelos. Unirse a foros o grupos en línea dedicados a entusiastas de la radio puede ser una excelente manera de obtener recomendaciones y consejos de usuarios experimentados.

El precio es siempre una consideración. Las radios Baofeng son conocidas por su asequibilidad, pero los precios pueden variar según el modelo. Si bien resulta tentador optar por la opción más barata, es importante equilibrar el costo con las características y la confiabilidad. Gastar un poco más en un modelo que se adapte mejor a sus necesidades puede ser una inversión que vale la pena, especialmente en situaciones de emergencia donde la comunicación confiable es crucial.

Elegir la radio Baofeng adecuada implica evaluar sus necesidades específicas y comparar las características de diferentes modelos. Ya sea que necesite una radio simple y fácil de usar para uso ocasional, un modelo robusto para aventuras al aire libre o un dispositivo de alta potencia para preparación para emergencias, existe una radio Baofeng que se ajusta a sus necesidades. Al comprender las capacidades y ventajas de cada modelo, podrá tomar una decisión informada que garantice tener la mejor herramienta de comunicación para cualquier situación.

Componentes y accesorios esenciales

Comprender los componentes y accesorios esenciales de una radio Baofeng es importante para cualquiera que desee aprovechar al máximo su dispositivo. Estos accesorios no sólo mejoran el rendimiento de su radio sino que también lo hacen más versátil y cómodo de usar en diferentes situaciones.

Uno de los componentes más críticos de una radio Baofeng es la antena. La antena estándar que viene con la radio es funcional, pero actualizar a una antena mejor puede mejorar significativamente el alcance y la calidad de la señal de su radio. Una antena más larga o de alta ganancia, a menudo llamada antena de "pato de goma", puede aumentar su capacidad para enviar y recibir señales a distancias mayores. Esto es especialmente importante en áreas con muchas obstrucciones como edificios o bosques densos. Algunos usuarios también optan por una antena de látigo telescópica o flexible para un rendimiento aún mejor.

Otro componente vital es la batería. Las radios Baofeng suelen venir con una batería recargable de iones de litio, que proporciona buena potencia y longevidad. Sin embargo, tener una o dos baterías adicionales puede salvar vidas en escenarios de uso prolongado. Algunos usuarios prefieren baterías extendidas, que tienen mayor capacidad y duran más que las estándar. Además, existen eliminadores de batería que le permiten alimentar su radio directamente desde la batería de un automóvil, lo que la hace conveniente para viajes largos o uso de emergencia cuando otras fuentes de energía no están disponibles.

Un cargador es esencial para mantener su radio Baofeng lista para usar. La mayoría de las radios vienen con un cargador de escritorio que sostiene la radio mientras se carga. Es una buena idea tener opciones de carga adicionales, como un cable de carga USB, que se puede usar con bancos de energía, cargadores solares u otras fuentes de energía USB. Esta flexibilidad garantiza que pueda cargar su radio incluso cuando las fuentes de energía tradicionales no estén disponibles.

Un micrófono con altavoz, o "micrófono con altavoz", es otro accesorio útil. Este dispositivo se engancha a su ropa, lo que le permite hablar y escuchar sin tener que sostener la radio en la mano. Esto es particularmente útil cuando necesita mantener las manos libres para otras tareas, como caminar, conducir o trabajar. El micrófono del altavoz también suele proporcionar un audio más claro, lo que facilita la comunicación en entornos ruidosos.

Los auriculares y audífonos también son accesorios importantes, especialmente cuando necesita mantener su comunicación discreta. Estos dispositivos se ajustan a su oído y le permiten escuchar mensajes sin transmitirlos a todas las personas que lo rodean. Esto es particularmente útil en entornos concurridos o sensibles donde la privacidad es crucial. Algunos auriculares vienen con micrófonos incorporados, lo que le permite hablar con manos libres, lo cual es conveniente cuando necesita moverse o realizar múltiples tareas.

Los cables de programación son esenciales para quienes desean personalizar sus radios Baofeng. Estos cables conectan la radio a una computadora, lo que le permite programar frecuencias, canales y otras configuraciones utilizando software como CHIRP. Esto puede ahorrar mucho tiempo en comparación con la programación manual y permite configuraciones más avanzadas. Es una gran herramienta para quienes necesitan configurar varias radios con la misma configuración o quienes desean explorar todas las capacidades de su dispositivo.

Los estuches o bolsas de transporte son útiles para proteger su radio Baofeng y mantener todos sus accesorios organizados. Estos estuches suelen tener compartimentos para la radio, baterías, antenas y otros artículos pequeños, lo que garantiza que todo esté en un solo lugar y sea fácil de transportar. Un buen estuche de transporte también puede brindar protección contra los elementos, lo cual es importante si usa su radio en entornos hostiles o al aire libre.

Un clip para cinturón es un accesorio simple pero práctico que le permite sujetar su radio a su cinturón, manteniéndola segura y fácilmente accesible. Esto es particularmente útil para actividades al aire libre o situaciones laborales en las que necesita moverse mucho. Mantiene sus manos libres y garantiza que su radio esté siempre al alcance.

Las antenas externas, como las antenas de estaciones base o móviles, pueden mejorar enormemente el rendimiento de su radio Baofeng. Estas antenas están diseñadas para montarse en vehículos o ubicaciones fijas, proporcionando un alcance y una calidad de señal mucho mayores que las antenas portátiles. Son especialmente útiles para quienes utilizan sus radios en vehículos o necesitan una comunicación confiable a largas distancias.

Un conector SMA (versión SubMiniature A) es otro accesorio importante. Le permite conectar su radio Baofeng a varios tipos de antenas y otros dispositivos. Este tipo de conector es estándar en la mayoría de las radios Baofeng, pero tener adaptadores para diferentes tipos de conectores puede ampliar la compatibilidad de su radio con una gama más amplia de accesorios.

Por último, un manual o guía puede ser un accesorio invaluable, especialmente para principiantes. Estos libros proporcionan instrucciones detalladas sobre cómo usar, programar y mantener su radio Baofeng. También pueden ofrecer consejos y trucos para aprovechar al máximo su dispositivo y solucionar problemas comunes. Muchos usuarios encuentran útiles estas guías para aprender funciones más avanzadas y comprender los aspectos técnicos de las comunicaciones por radio.

Comprender y utilizar los componentes y accesorios esenciales de su radio Baofeng puede mejorar significativamente su rendimiento y versatilidad. Las antenas mejoran el alcance y la calidad de la señal, las baterías y los cargadores mantienen la radio encendida y los micrófonos y auriculares con altavoz ofrecen comunicación manos libres. Los cables de programación facilitan la personalización, los estuches de transporte mantienen todo organizado y las antenas externas brindan un mayor alcance. Los conectores SMA garantizan la compatibilidad y las guías ofrecen información valiosa. Al equiparse con estos accesorios, podrá asegurarse de que su radio Baofeng esté lista para cualquier situación, lo que la convierte en una herramienta invaluable para la comunicación y la preparación.

Configuración de su radio Baofeng: instalación y configuración inicial

Configurar su radio Baofeng por primera vez puede parecer un poco abrumador, pero con una guía clara paso a paso, resulta sencillo. El objetivo es garantizar que su radio esté configurada correctamente y lista para usar, ya sea para comunicaciones informales, actividades al aire libre o situaciones de emergencia. Aquí se explica cómo empezar.

Primero, desembale su radio Baofeng e identifique todos los componentes. Normalmente, encontrará la unidad de radio, una antena, una batería, un cargador y un clip para el cinturón. Comience colocando la antena en la parte superior de la radio. Asegúrese de que esté bien atornillado para evitar conexiones sueltas que puedan afectar el rendimiento.

A continuación, inserte la batería. Alinee la batería con la parte posterior de la radio y deslícela en su lugar hasta que haga clic. Si la batería no está cargada, coloque la radio en el cargador de escritorio y conéctela a una toma de corriente. El indicador LED del cargador se iluminará en rojo mientras se carga y en verde cuando esté completamente cargado. Es esencial comenzar con una batería completamente cargada para garantizar el máximo tiempo de funcionamiento.

Encienda la radio girando la perilla en la parte superior derecha. Escuchará un mensaje de voz o verá que la pantalla se ilumina, lo que indica que la radio está encendida. Ajuste el volumen girando la misma perilla. Encontrar un nivel de volumen cómodo le ayudará a escuchar las comunicaciones con claridad sin que sean demasiado altas.

Ahora es el momento de establecer las configuraciones básicas. Comience seleccionando el idioma preferido. Presione el botón "Menú" para acceder a la configuración. Utilice las teclas de flecha para desplazarse por las opciones del menú hasta encontrar la configuración de idioma. Presione "Menú" nuevamente para seleccionarlo, luego use las teclas de flecha para elegir su idioma. Presione "Menú" una vez más para confirmar, y luego el botón "Salir" para regresar a la pantalla principal.

Configurar el modo de frecuencia es el siguiente paso. Las radios Baofeng suelen tener dos modos: modo de frecuencia (VFO) y modo de canal (MR). El modo de frecuencia le permite ingresar frecuencias manualmente, mientras que el modo de canal usa canales preprogramados. Para cambiar entre estos modos, presione el botón "VFO/MR". Para la configuración inicial, suele ser más fácil comenzar con el modo de frecuencia para ingresar y probar frecuencias manualmente.

Introducir frecuencias es sencillo. Utilice el teclado para escribir la frecuencia deseada. Por ejemplo, si desea configurar la frecuencia en 146,520 MHz, simplemente presione los números correspondientes en el teclado. Esta función le permite sintonizar rápidamente frecuencias específicas que desea monitorear o comunicarse.

Configurar el nivel de silenciamiento es importante para reducir el ruido de fondo. El silenciador actúa como una puerta, permitiendo que se escuchen señales por encima de cierta intensidad. Presione "Menú", navegue hasta la configuración de silenciamiento (SQL) y presione "Menú" nuevamente. Utilice las teclas de flecha para ajustar el nivel. Un número más bajo hace que el silenciamiento sea más sensible, mientras que un número más alto reduce la sensibilidad. Establecerlo entre 3 y 5 es un buen punto de partida.

A continuación, establezca el nivel de potencia de transmisión. Las radios Baofeng suelen tener configuraciones de potencia alta y baja. La potencia alta amplía el alcance pero utiliza más batería, mientras que la potencia baja conserva la batería pero tiene un alcance más corto. Presione "Menú", busque la configuración de energía (TXP) y presione "Menú" nuevamente. Utilice las teclas de flecha para elegir entre potencia alta (H) y baja (L), luego presione "Menú" para confirmar. Para uso general, comience con baja potencia y cambie a alta potencia si es necesario.

Configurar el desplazamiento del repetidor es crucial si planea utilizar repetidores para ampliar su alcance de comunicación. Los repetidores son estaciones que reciben tu señal y la retransmiten a mayor potencia. Para configurar el desplazamiento, presione "Menú" y navegue hasta la configuración de desplazamiento (OFFSET). Ingrese el valor de compensación, que normalmente es 0,600 MHz para VHF y 5,000 MHz para UHF. También deberá establecer la dirección del desplazamiento (positivo o negativo), que se encuentra en la opción de menú (SFT-D).

Programar un canal de memoria le permite guardar frecuencias para un acceso rápido. Presione "Menú" y navegue hasta la opción del canal de memoria (MEM-CH). Elija un número de canal vacío, luego presione "Menú" para guardar la frecuencia actual en ese canal. Esta función es útil para guardar frecuencias utilizadas con frecuencia para que pueda cambiar fácilmente entre ellas sin tener que volver a ingresarlas cada vez.

Configure los códigos CTCSS (Sistema de silenciamiento codificado por tonos continuos) o DCS (Silenciamiento codificado digital) si es necesario. Estos códigos se utilizan para filtrar transmisiones no deseadas, asegurando que solo escuche las comunicaciones con el código coincidente. Presione "Menú" y navegue hasta la configuración CTCSS o DCS. Ingrese el código deseado usando el teclado y confirme con "Menú". Esto es particularmente útil en áreas concurridas donde muchas personas pueden estar usando radios.

Después de completar estas configuraciones básicas, su radio Baofeng debería estar lista para usar. Para probar su configuración, intente transmitir y recibir señales en una frecuencia conocida. Presione el botón pulsar para hablar (PTT) para transmitir y suéltelo para escuchar. Si todo está configurado correctamente, debería poder comunicarse con claridad.

Configurar su radio Baofeng implica conectar la antena y la batería, cargar la radio, encenderla, seleccionar el idioma, configurar el modo de frecuencia, ingresar frecuencias, ajustar el nivel de silenciamiento, configurar la potencia de transmisión, configurar el desplazamiento del repetidor y programar los canales de memoria. y configurar códigos CTCSS/DCS. Seguir estos pasos garantiza que su radio esté configurada correctamente y lista para una comunicación confiable en diversas situaciones. Al comprender cada configuración y su propósito, podrá aprovechar al máximo su radio Baofeng, mejorando su capacidad para permanecer conectado durante aventuras al aire libre, emergencias o el uso diario.

CAPÍTULO 2

Conceptos básicos del funcionamiento de la radio Baofeng

Familiarizarse con los controles de radio Baofeng

Comprender los controles y botones de una radio Baofeng es crucial para una operación y comunicación efectivas. La radio Baofeng, conocida por su versatilidad y funcionalidad, cuenta con varios controles que permiten a los usuarios navegar por sus funciones de manera eficiente. Familiarizarse con estos controles mejorará su capacidad para utilizar la radio en diferentes escenarios.

La parte superior de la radio Baofeng alberga varios componentes clave. La antena, que ya conectó durante la configuración, es esencial para enviar y recibir señales. Al lado de la antena está la perilla de encendido/volumen. Al girar esta perilla en el sentido de las agujas del reloj se enciende la radio y aumenta el volumen, mientras que al girarla en el sentido contrario a las agujas del reloj se disminuye el volumen y finalmente se apaga la radio. Es importante configurar el volumen a un nivel cómodo para que pueda escuchar las transmisiones con claridad sin forzar los oídos.

Junto a la perilla de encendido/volumen se encuentra el botón de la linterna LED. Al presionar este botón se enciende la linterna incorporada, que puede resultar útil en situaciones de poca luz. Mantener presionado el botón activa la función estroboscópica, que puede usarse como señal de ayuda en caso de emergencia. Esta característica simple pero efectiva aumenta la utilidad de la radio en escenarios de supervivencia.

En el lado izquierdo de la radio encontrarás tres botones importantes. El botón superior es el botón pulsar para hablar (PTT). Mantener presionado este botón le permite transmitir su voz a otras radios en la misma frecuencia. Al soltar el botón, la radio vuelve al modo de recepción, lo que le permite escuchar las transmisiones entrantes. Debajo del botón PTT está el botón "MONI", que significa monitor. Al presionar este botón se abre el silenciador, lo que le permite escuchar todas las transmisiones en la frecuencia, incluidas las señales débiles que podrían ser suprimidas por la configuración del silenciador. Esto puede resultar útil para identificar si una frecuencia está en uso antes de transmitir. El tercer botón es el botón "LLAMADA", que activa una alarma de emergencia. Esta alarma puede alertar a otros sobre su ubicación o pedir ayuda en situaciones críticas.

Pasando al frente de la radio, el teclado es una característica destacada. El teclado se utiliza para ingresar frecuencias, programar canales y navegar por el menú. Las teclas están etiquetadas con números y letras, similares al teclado de un teléfono, lo que hace que su uso sea intuitivo. Cada tecla también tiene una función secundaria, que se activa presionando el botón "FUNC" seguido de la tecla deseada. Por ejemplo, presionar "FUNC" y luego "1" podría activar una función o configuración específica.

El botón "A/B", ubicado encima del teclado, cambia entre las dos frecuencias o canales mostrados. Esto le permite monitorear o comunicarse en dos frecuencias sin cambiar la configuración cada vez. Es especialmente útil para usuarios que necesitan realizar un seguimiento de múltiples canales de comunicación simultáneamente.

Directamente encima del botón "A/B" está el botón "VFO/MR". Este botón alterna entre el modo de frecuencia (VFO) y el modo de canal de memoria (MR). El modo de frecuencia le permite ingresar manualmente frecuencias para uso temporal, mientras que el modo de canal de memoria accede a canales preprogramados para una comunicación rápida y sencilla. Comprender esta distinción es clave para una operación eficiente, especialmente cuando se cambia entre diferentes tareas de comunicación.

El botón "MENÚ" es crucial para acceder y ajustar la configuración de la radio. Al presionar este botón se abre el menú, donde puede navegar a través de varias opciones usando las teclas de flecha. Una vez que encuentre la configuración deseada, presionar "MENÚ" nuevamente le permitirá realizar ajustes. Después de configurar el valor deseado, presionar "SALIR" guarda los cambios y lo regresa a la pantalla principal. El botón "MENÚ" es su puerta de entrada para personalizar la radio para que se ajuste a sus necesidades específicas.

Las teclas de flecha, ubicadas debajo del botón "MENÚ", le permiten desplazarse por las opciones del menú y ajustar la configuración. También sirven como accesos directos para funciones específicas cuando se usan en combinación con el botón "FUNC". Por ejemplo, presionar la flecha hacia arriba o hacia abajo puede ajustar el volumen o cambiar la frecuencia en pequeños incrementos, brindando acceso rápido a funciones esenciales sin tener que navegar por el menú.

A la derecha de las teclas de flecha está el botón "SALIR", que se usa para salir del menú y regresar a la pantalla principal. Este botón también es útil para cancelar cualquier cambio que haya iniciado pero que no desee guardar. Saber cómo salir rápidamente del menú puede resultar útil, especialmente si necesita responder rápidamente a una transmisión entrante.

La pantalla LCD en la parte frontal de la radio muestra información importante como la frecuencia actual, el canal, el nivel de la batería y varios indicadores de estado. La pantalla está retroiluminada, lo que facilita la lectura en diferentes condiciones de iluminación. Comprender los íconos y la información que se muestran en la pantalla lo ayuda a monitorear el estado de la radio y realizar ajustes informados.

En el lado derecho de la radio, encontrará el puerto para accesorios, cubierto por una pequeña solapa de goma. Este puerto se utiliza para conectar varios accesorios, como micrófonos de altavoz, cables de programación o auriculares. El puerto de accesorios mejora la versatilidad de la radio, permitiéndole personalizarla con equipos adicionales para satisfacer sus necesidades específicas.

Además, la radio Baofeng incluye una función de radio FM incorporada, a la que se puede acceder presionando el botón "FM". Esta función le permite escuchar estaciones de transmisión de FM para entretenimiento o actualizaciones de noticias importantes. Cambiar entre la radio FM y las principales funciones de comunicación es sencillo, lo que garantiza que se mantenga informado y conectado.

La parte posterior de la radio es donde se conecta la batería, como se mencionó durante la configuración. Asegurarse de que la batería esté bien colocada es vital para un funcionamiento ininterrumpido. Algunos modelos también tienen un punto de sujeción con clip para el cinturón, lo que facilita llevar la radio consigo manteniendo las manos libres.

Familiarizarse con estos controles y botones es esencial para dominar el funcionamiento de su radio Baofeng. Cada control tiene un propósito específico y comprender cómo usarlos de manera efectiva puede mejorar en gran medida sus capacidades de comunicación. Con la práctica, navegar por las funciones de la radio se convertirá en algo natural, lo que le permitirá concentrarse en la importante tarea de mantenerse conectado en cualquier situación.

Comprensión de las bandas y canales de frecuencia

Comprender las bandas de frecuencia y los canales disponibles en las radios Baofeng es fundamental para una comunicación eficaz. Las radios Baofeng, populares entre aficionados y profesionales, funcionan en rangos de frecuencia específicos que determinan cómo y dónde se pueden utilizar. Estas radios suelen cubrir dos bandas principales: frecuencia muy alta (VHF) y frecuencia ultraalta (UHF).

La banda VHF va de 136 a 174 MHz. Las frecuencias VHF son ideales para uso en exteriores porque pueden viajar largas distancias y penetrar a través de la vegetación. Esto los hace perfectos para actividades como senderismo, acampada y agricultura. Sin embargo, las señales VHF pueden tener dificultades para atravesar objetos sólidos como edificios o montañas, por lo que pueden no ser la mejor opción en entornos urbanos.

Por el contrario, la banda UHF oscila entre 400 y 520 MHz. Las frecuencias UHF son más adecuadas para uso en interiores o urbano porque pueden atravesar fácilmente edificios y otros obstáculos. Esto hace que UHF sea ideal para actividades en ciudades, escuelas, almacenes y fábricas. Si bien las señales UHF no viajan tan lejos como las VHF en áreas abiertas, su capacidad para navegar a través de estructuras las hace increíblemente útiles en entornos donde las VHF pueden fallar.

Navegar por estas bandas de frecuencia en una radio Baofeng implica comprender la capacidad de doble banda de la radio. La función de doble banda le permite operar en frecuencias VHF y UHF, lo que ofrece flexibilidad según su entorno. Para cambiar entre estas bandas, puede usar el botón "A/B" de su radio para alternar entre las dos frecuencias mostradas, que podrían ser una combinación de VHF y UHF.

Seleccionar la frecuencia adecuada implica conocer las necesidades específicas de su situación. Por ejemplo, si está de excursión en una zona remota, las frecuencias VHF serían más adecuadas debido a su mayor alcance en espacios abiertos. Por el contrario, si coordina actividades dentro de un edificio grande, las frecuencias UHF serían preferibles debido a su capacidad de penetrar paredes y pisos.

Las radios Baofeng le permiten ingresar frecuencias manualmente usando el teclado, ofreciendo control directo sobre qué frecuencias usa. Para ingresar una frecuencia, asegúrese de que su radio esté en modo de frecuencia (VFO). Puede cambiar a este modo presionando el botón "VFO/MR" hasta que la pantalla muestre VFO. Luego, use el teclado para escribir la frecuencia deseada, como 146.520 para una frecuencia VHF común o 446.000 para una frecuencia UHF. Esta flexibilidad es útil para sintonizar rápidamente frecuencias específicas que necesita para la comunicación.

Además de ingresar frecuencias manualmente, las radios Baofeng también admiten canales de memoria, que le permiten almacenar frecuencias utilizadas con frecuencia para facilitar el acceso. Para programar un canal de memoria, primero configure su radio en la frecuencia deseada en el modo VFO. Luego, presione "MENÚ", navegue hasta la opción del canal de memoria (generalmente etiquetado como MEM-CH), seleccione un número de canal vacío y presione "MENÚ" nuevamente para guardar la frecuencia en ese canal. Esto le permite cambiar rápidamente entre frecuencias almacenadas sin tener que volver a ingresarlas cada vez.

También es importante comprender el espaciado de los canales. El espaciado de canales se refiere a la separación entre canales adyacentes en la misma banda. Las radios Baofeng suelen utilizar un espaciado de canales de 12,5 kHz o 25 kHz. El espaciado de banda estrecha (12,5 kHz) permite más canales dentro de un rango determinado, lo que resulta útil en entornos de frecuencias saturados. Sin embargo, el espaciado de banda ancha (25 kHz) puede proporcionar una mejor calidad de audio. Puede configurar el espaciado de canales en el menú de la radio navegando hasta la configuración adecuada (a menudo etiquetada como PASO o ESPACIO) y eligiendo el espaciado deseado.

Navegar por las frecuencias también implica comprender los modos simplex y dúplex. El modo simplex es el más sencillo, donde transmite y recibe en la misma frecuencia. Esto se usa comúnmente para comunicación directa de radio a radio sin ningún dispositivo intermediario. Por ejemplo, dos radios configuradas en 146,520 MHz pueden comunicarse directamente entre sí siempre que estén dentro del alcance.

El modo dúplex, por otro lado, se utiliza para el funcionamiento del repetidor. Los repetidores son dispositivos que reciben su señal en una frecuencia y la retransmiten en otra, ampliando significativamente el alcance de la comunicación. Para utilizar un repetidor, debe configurar las frecuencias de transmisión y recepción para que coincidan con la configuración del repetidor. Por ejemplo, un repetidor podría recibir en 146,760 MHz y transmitir en 147,360 MHz. Necesitará programar estas frecuencias en su radio y establecer la compensación adecuada. El desplazamiento puede ser positivo o negativo, según la configuración del repetidor. Esta configuración se encuentra en el menú de la radio, a menudo etiquetada como SFT-D o OFFSET.

Las radios Baofeng también admiten tonos CTCSS (Sistema de silenciamiento codificado por tonos continuos) y DCS (Silenciamiento codificado digital). Estos tonos se utilizan para filtrar transmisiones no deseadas y garantizar que solo escuche las comunicaciones con el tono correspondiente. Esto es especialmente útil en áreas donde muchos usuarios pueden estar operando en la misma frecuencia. Para configurar un tono CTCSS o DCS, ingrese la frecuencia deseada, luego presione "MENÚ" y navegue hasta la configuración de CTCSS o DCS. Seleccione el tono o código apropiado y confirme su elección. Esto garantiza que su radio solo abra el silenciador para transmisiones con el tono correspondiente, lo que reduce las interferencias y el ruido no deseado.

Comprender las bandas de frecuencia y los canales también implica conocer las normas legales. Los diferentes países tienen normas específicas que regulan el uso de frecuencias de radio. Es importante asegurarse de operar dentro de los límites legales y utilizar frecuencias autorizadas para su tipo de comunicación. En Estados Unidos, por ejemplo, ciertas frecuencias VHF y UHF están reservadas para radioaficionados con licencia, mientras que otras pueden usarse sin licencia bajo condiciones específicas. Siempre consulte las regulaciones locales para cumplirlas.

Las radios Baofeng ofrecen una amplia gama de frecuencias y canales en las bandas VHF y UHF, lo que brinda flexibilidad para diversas necesidades de comunicación. Comprender cómo navegar por estas bandas, ingresar frecuencias manualmente, programar canales de memoria, configurar el espaciado de canales y usar los modos simplex y dúplex mejorará su capacidad para comunicarse de manera efectiva. Además, el uso de tonos CTCSS y DCS puede ayudar a filtrar transmisiones no deseadas, lo que garantiza una comunicación más clara. Al dominar estos aspectos, podrá maximizar el potencial de su radio Baofeng en cualquier situación.

Realizar operaciones básicas

Operar una radio Baofeng implica varios pasos básicos que garantizan que el dispositivo funcione correcta y óptimamente. Estas operaciones incluyen encender la radio, ajustar el volumen y configurar los ajustes del silenciador. Cada una de estas acciones es fundamental para utilizar tu radio de manera efectiva, ya seas un principiante o un usuario experimentado.

Encender su radio Baofeng es el primer paso. La perilla de encendido/volumen, ubicada en la parte superior de la radio al lado de la antena, tiene un doble propósito. Para encender la radio, simplemente gire esta perilla en el sentido de las agujas del reloj. Al girar la perilla, sentirá un ligero clic que indica que la radio ahora está encendida. Continúe girando la perilla para ajustar el volumen a su nivel preferido. Es importante empezar con el volumen a un nivel moderado para evitar ruidos fuertes y repentinos que puedan resultar incómodos o alarmantes.

Una vez que la radio está encendida, ajustar el volumen es sencillo. Al girar la perilla de encendido/volumen en el sentido de las agujas del reloj se aumenta el volumen, mientras que al girarla en el sentido contrario a las agujas del reloj se disminuye. Encontrar el nivel de volumen correcto es crucial para una comunicación clara. Si el volumen es demasiado bajo, es posible que se pierda transmisiones importantes. Si es demasiado alto, el sonido puede distorsionarse, dificultando la comprensión del mensaje. Busque un nivel de volumen en el que pueda escuchar las transmisiones claramente sin esforzarse, pero tampoco tan alto que cause incomodidad o interfiera con su capacidad de escuchar otros sonidos importantes en su entorno.

Configurar los ajustes del silenciador es otra operación esencial para un rendimiento óptimo. Squelch es una función que suprime el ruido de fondo y la estática cuando no se recibe ninguna transmisión. Esto ayuda a mantener la radio en silencio hasta que se detecta una señal lo suficientemente fuerte como para romper el umbral de silenciamiento. Para ajustar la configuración del silenciador en una radio Baofeng, utilizará el sistema de menús.

Comience presionando el botón "MENÚ" en el frente de la radio para acceder al menú. Utilice las teclas de flecha para navegar por las opciones del menú hasta encontrar la configuración de silenciamiento, que generalmente está etiquetada como "SQL". Presione el botón "MENÚ" nuevamente para seleccionar esta opción. Luego puede usar las teclas de flecha para ajustar el nivel de silenciamiento. Los niveles de silenciamiento suelen oscilar entre 0 y 9, donde 0 es silenciamiento abierto (escucha todas las señales y ruidos) y 9 es el nivel de silenciamiento más alto (sólo se abren paso las señales más fuertes).

Un buen punto de partida es establecer el nivel de silenciamiento en 2 o 3. Este nivel filtra la mayor parte del ruido de fondo y al mismo tiempo le permite escuchar señales más débiles. Si descubre que se está perdiendo transmisiones importantes o que solo escucha señales fuertes, es posible que deba reducir el nivel de silenciamiento. Por el contrario, si escucha demasiada estática y ruido, es posible que necesite aumentar el nivel de silenciamiento. Ajustar la configuración del silenciador puede requerir algo de experimentación, pero vale la pena el esfuerzo para asegurarse de recibir comunicaciones claras y confiables.

Comprender y utilizar el botón "MONI" también puede ayudar con la configuración del silenciador. El botón "MONI", ubicado en el lado izquierdo de la radio debajo del botón PTT (presionar para hablar), abre temporalmente el silenciador cuando se presiona. Esto le permite escuchar todas las transmisiones y el ruido en la frecuencia, lo que le ayuda a determinar si hay una señal presente antes de ajustar el silenciador. Esta característica es particularmente útil en entornos con intensidades de señal fluctuantes o cuando intentas ajustar el silenciador a un nivel óptimo.

Si bien estas operaciones básicas: encender, ajustar el volumen y configurar el silenciador son sencillas, son esenciales para el uso eficaz de su radio

Baofeng. Encender correctamente la radio garantiza que esté lista para usar, ajustar el volumen correctamente permite una comunicación clara sin distorsión ni molestias, y configurar el silenciador de manera óptima ayuda a filtrar ruidos no deseados y garantiza que no se pierda transmisiones importantes.

Además, puede resultar útil comprender la respuesta de su radio al realizar estas operaciones. Por ejemplo, al ajustar el silenciamiento, es posible que escuche una diferencia en el nivel de ruido de fondo. Una configuración de silenciamiento más baja generará más ruido de fondo, mientras que una configuración más alta hará que la radio sea más silenciosa hasta que se reciba una transmisión lo suficientemente fuerte como para romper el silenciamiento. Esta retroalimentación auditiva puede guiarlo para encontrar el equilibrio perfecto para su entorno específico.

También es importante verificar y ajustar periódicamente estas configuraciones, especialmente si se muda a una ubicación diferente o las condiciones ambientales cambian. Diferentes entornos pueden afectar el rendimiento de la radio, por lo que lo que funciona en un lugar puede no ser ideal en otro. Por ejemplo, en un área urbana densamente poblada, es posible que necesite una configuración de silenciamiento diferente en comparación con un área rural abierta debido a los diferentes niveles de ruido de fondo e interferencias.

Además, familiarizarse con el manual de la radio y el modelo específico que está utilizando puede proporcionarle información adicional sobre estas operaciones básicas. Cada modelo de Baofeng puede tener ligeras variaciones en la forma de acceder o mostrar estas funciones, por lo que consultar el manual puede garantizar que está realizando los ajustes correctos.

Comprender y dominar estas operaciones básicas sienta las bases para utilizar su radio Baofeng de manera efectiva. Ya sea que se esté comunicando con un grupo durante una caminata, coordinando actividades en un entorno urbano concurrido o preparándose para situaciones de emergencia, asegurarse de que su radio esté correctamente encendida, el volumen ajustado correctamente y el silenciador ajustado de manera óptima mejorará su capacidad para comunicarse de forma clara y confiable. A medida que se sienta más cómodo con estas operaciones, estará mejor equipado para explorar las características y capacidades más avanzadas de su radio Baofeng, mejorando aún más sus habilidades de comunicación y preparación.

CAPÍTULO 3

Dominar la programación de radio Baofeng

Programación manual de radios Baofeng

Programar radios Baofeng manualmente puede parecer desalentador al principio, pero con un enfoque claro paso a paso, se convierte en una tarea manejable y gratificante. Comprender cómo programar manualmente frecuencias y canales en su radio Baofeng garantiza que tendrá control total sobre la configuración de comunicación, lo cual es esencial para un uso efectivo y confiable.

Para comenzar la programación manual, comience encendiendo su radio Baofeng. Asegúrese de que la radio esté en modo de frecuencia (VFO), que le permite ingresar y modificar frecuencias directamente. Puede alternar entre el modo de frecuencia y el modo de canal (MR) presionando el botón "VFO/MR" hasta que la pantalla muestre la frecuencia que desea configurar. El modo de frecuencia es necesario para los pasos iniciales de programación.

Primero, identifique la frecuencia que desea programar. Podría ser una frecuencia de repetidor local, una frecuencia simplex para comunicación directa de radio a radio o cualquier otra frecuencia relevante para sus necesidades. Para este ejemplo, usemos la frecuencia 146,520 MHz, una frecuencia simplex común utilizada por los radioaficionados.

Para ingresar esta frecuencia, use el teclado en el frente de la radio. Escriba 1-4-6-5-2-0. Al ingresar estos números, debería ver aparecer la frecuencia en la pantalla. Es fundamental ingresar la frecuencia correctamente, ya que un error en cualquier dígito resultará en una configuración de frecuencia incorrecta.

Una vez ingresada la frecuencia, es posible que necesite configurar parámetros adicionales según el tipo de comunicación que desee utilizar. Si está programando una frecuencia simplex, no se requieren pasos adicionales para la configuración básica. Sin embargo, si está programando una frecuencia de repetidor, necesitará configurar el desplazamiento y posiblemente un tono.

Los repetidores funcionan con un desplazamiento, lo que significa que las frecuencias de transmisión y recepción son diferentes. Para configurar la compensación, presione el botón "MENÚ" para acceder al sistema de menú de la radio. Utilice las teclas de flecha para navegar hasta la configuración "OFFSET", que suele ser la opción 26 del menú. Presione "MENÚ" nuevamente para seleccionar esta opción. Utilice el teclado para ingresar la frecuencia de compensación, que suele ser de 600 kHz (0,600 MHz) para repetidores de 2 metros.

Después de ingresar el desplazamiento, presione "MENÚ" nuevamente para confirmar.

A continuación, debe establecer la dirección del desplazamiento. Los repetidores suelen utilizar un desplazamiento positivo (+) o negativo (-). En el menú, busque la configuración "SFT-D" (a menudo, la opción de menú 25). Presione "MENÚ" para seleccionar esta opción, luego use las teclas de flecha para elegir "+" o "-" dependiendo de la configuración del repetidor. Presione "MENÚ" nuevamente para confirmar su selección.

Si el repetidor requiere un tono para acceder, deberá configurar el tono CTCSS (Sistema de silenciamiento codificado por tonos continuos) o DCS (Silenciamiento codificado digital). Para configurar un tono CTCSS, busque la configuración "T-CTCS" en el menú (normalmente la opción de menú 13). Presione "MENÚ" para seleccionar esta opción, luego use las teclas de flecha para elegir la frecuencia de tono requerida, como 100,0 Hz. Presione "MENÚ" nuevamente para confirmar.

Después de configurar la frecuencia, el desplazamiento y el tono, el siguiente paso es guardar estas configuraciones en un canal de memoria. Esto le permite acceder rápidamente a la frecuencia programada sin tener que volver a ingresar todos los detalles cada vez. Para guardar en un canal de memoria, presione "MENÚ" para ingresar al sistema de menú. Navegue hasta la configuración "MEM-CH" (generalmente la opción de menú 27). Presione "MENÚ" para seleccionar esta opción, luego use las teclas de flecha para elegir un canal de memoria vacío, indicado por un número de canal sin una frecuencia al lado. Presione "MENÚ" nuevamente para guardar la frecuencia y la configuración del canal elegido.

Puedes repetir este proceso para cada frecuencia y canal que desees programar. Tener múltiples canales programados le permite cambiar entre frecuencias de manera rápida y eficiente, lo cual es particularmente útil en entornos de comunicación dinámicos.

Para una programación manual eficiente, hay algunos consejos a tener en cuenta. Primero, prepare una lista de frecuencias, compensaciones, tonos y números de canales que necesita programar antes de comenzar. Tener esta información organizada de antemano ahorra tiempo y reduce el riesgo de errores durante la programación.

En segundo lugar, familiarícese con el menú de navegación y las funciones clave de su radio Baofeng. Saber cómo acceder y modificar rápidamente la configuración a través del sistema de menú agilizará el proceso de programación. Además, practicar con la radio y seguir los pasos de programación varias veces ayuda a reforzar el procedimiento y generar confianza.

Otro consejo es utilizar el botón "MONI" para monitorear la frecuencia y asegurarse de haberla programado correctamente. El botón "MONI" abre el silenciador, permitiéndole escuchar toda la actividad en la frecuencia. Esta función es útil para verificar que está en la frecuencia correcta y que la configuración funciona según lo previsto.

Por último, tenga a mano el manual de su radio Baofeng. El manual proporciona información detallada sobre las opciones del menú, configuraciones y funciones adicionales específicas de su modelo de radio. Si encuentra alguna dificultad o necesita aclaración sobre una configuración en particular, el manual puede ser un recurso invaluable.

La programación manual puede parecer compleja al principio, pero con práctica y paciencia se convierte en un proceso sencillo. Si sigue estos pasos y consejos, podrá programar eficientemente su radio Baofeng para que se adapte a sus necesidades de comunicación. Ya sea que se esté preparando para emergencias, actividades recreativas o uso profesional, dominar la programación manual garantiza que su radio esté lista para brindar una comunicación confiable y efectiva en cualquier situación.

Uso de software para programación avanzada

El uso de herramientas de software para la programación avanzada de radios Baofeng simplifica el proceso y permite configuraciones más complejas. Si bien la programación manual es útil para ingresar algunas frecuencias, la programación de software es esencial cuando se trata de numerosas frecuencias o configuraciones más complejas. Este método ahorra tiempo y reduce la probabilidad de errores.

Una de las herramientas de software de programación más populares para radios Baofeng es CHIRP. Este programa de código abierto admite una amplia gama de radios, incluida la mayoría de los modelos Baofeng, y ofrece una interfaz fácil de usar para administrar la configuración de su radio. Para comenzar con CHIRP, necesitará un cable de programación compatible con su radio Baofeng. Este cable conecta su radio a su computadora a través de un puerto USB, permitiendo que el software se comunique con el dispositivo.

Primero, descargue e instale CHIRP desde el sitio web oficial. Asegúrese de elegir la versión correcta para su sistema operativo, ya sea Windows, macOS o Linux. Una vez instalado, abra CHIRP y conecte su radio Baofeng a la computadora usando el cable de programación. Es importante asegurarse de que la radio esté encendida y configurada en Modo de frecuencia (VFO) antes de establecer la conexión.

Después de conectar la radio, debe configurar CHIRP para que reconozca su dispositivo. En CHIRP, vaya al menú "Radio" y seleccione "Descargar desde radio". Aparecerá un cuadro de diálogo solicitando el modelo de la radio y el puerto al que está conectada. Seleccione el modelo apropiado de su radio Baofeng en el menú desplegable y el puerto COM correcto. Si no está seguro del puerto COM, puede encontrarlo en el administrador de dispositivos de su computadora en "Puertos (COM y LPT)". Una vez que la configuración sea correcta, haga clic en "Aceptar" para continuar.

Luego, CHIRP se comunicará con su radio y descargará la configuración actual. Este proceso puede tardar unos momentos, durante los cuales el software lee la frecuencia, el canal y los datos de configuración de su radio. Una vez que se complete la descarga, verá una interfaz similar a una hoja de cálculo que muestra las frecuencias y configuraciones almacenadas en su radio.

Para agregar o modificar frecuencias, simplemente haga clic en la celda deseada e ingrese la nueva información. Puede especificar la frecuencia, el nombre, el modo de tono, la frecuencia del tono, el dúplex (desplazamiento) y la frecuencia de desplazamiento para cada canal. Por ejemplo, para agregar una frecuencia de repetidor, ingresaría la frecuencia de recepción en la columna "Frecuencia", seleccionaría el modo de tono apropiado (como CTCSS o DCS), ingresaría la frecuencia de tono requerida por el repetidor, configuraría el dúplex en "+ " o "-" para indicar la dirección de compensación y especificar la frecuencia de compensación.

CHIRP también le permite importar listas de frecuencias de otras fuentes, lo que resulta especialmente útil para programar una gran cantidad de canales rápidamente. Puede encontrar listas de frecuencias en línea o en clubes de radioaficionados locales. Para importar una lista de frecuencias, vaya al menú "Archivo" y seleccione "Importar". Elija el archivo que contiene la lista de frecuencias y siga las instrucciones para importar los datos a CHIRP. Las frecuencias importadas aparecerán en la hoja de cálculo, listas para que las revise y modifique según sea necesario.

Una vez que haya ingresado todas las frecuencias y configuraciones deseadas, es hora de cargar la nueva configuración en su radio. Vaya al menú "Radio" y seleccione "Subir a radio". Asegúrese de que la radio todavía esté conectada y encendida, luego haga clic en "Aceptar" para iniciar el proceso de carga. CHIRP transferirá la nueva configuración a su radio, sobrescribiendo la configuración existente. Este proceso puede tardar unos momentos y es importante no desconectar la radio ni interrumpir el proceso.

Además de CHIRP, hay otras herramientas de software disponibles para programar radios Baofeng. El propio software de programación de Baofeng es otra opción, aunque generalmente se considera menos fácil de usar que CHIRP. RT Systems también ofrece software de programación comercial adaptado a modelos de radio específicos, proporcionando una interfaz más pulida y funciones adicionales.

El uso de software de programación como CHIRP ofrece varias ventajas sobre la programación manual. Permite una entrada más rápida y precisa de frecuencias y configuraciones, admite la importación y exportación de listas de frecuencias y facilita la realización de copias de seguridad y la restauración de la configuración de su radio. Esto es particularmente útil para mantener la coherencia entre múltiples radios o reprogramar rápidamente una radio en el campo.

Otro beneficio de utilizar software de programación es la capacidad de compartir configuraciones con otros. Por ejemplo, los miembros de un equipo de búsqueda y rescate o de un club de radioaficionados local pueden compartir una lista de frecuencias común, asegurando que todas las radios estén programadas de manera consistente. Esto mejora la coordinación y la comunicación, especialmente en situaciones de emergencia donde cada segundo cuenta.

Para usuarios avanzados, CHIRP también ofrece funciones como clonación de configuraciones entre radios, edición de configuraciones a las que no se puede acceder a través del teclado de la radio y personalización de la pantalla de inicio de la radio. Estas funciones brindan flexibilidad y control adicionales sobre el funcionamiento de su radio Baofeng, lo que le permite adaptar el dispositivo a sus necesidades y preferencias específicas.

Al utilizar software para programación, es esencial seguir algunas prácticas recomendadas. Siempre haga una copia de seguridad de la configuración actual de su radio antes de realizar cambios. Esto garantiza que pueda restaurar la configuración original si algo sale mal durante el proceso de programación. Actualice periódicamente el software a la última versión para beneficiarse de nuevas funciones y correcciones de errores. Y por último, manipula con cuidado el cable de programación y las conexiones para no dañar tu radio u ordenador.

El uso de herramientas de software como CHIRP para la programación avanzada de radios Baofeng simplifica el proceso, ahorra tiempo y ofrece mayor flexibilidad y control sobre la configuración de su dispositivo. Ya sea que esté programando una sola radio o administrando una flota de dispositivos, la programación de software es una habilidad invaluable que mejora su capacidad para comunicarse de manera efectiva y eficiente en cualquier situación.

Almacenamiento y organización de canales y frecuencias

Organizar y almacenar canales y frecuencias programados en su radio Baofeng puede marcar una diferencia significativa en la eficacia con la que puede comunicarse, especialmente en situaciones críticas. Una organización adecuada garantiza que pueda acceder rápidamente a las frecuencias que necesita sin tener que buscar entre una larga lista. A continuación se presentan algunas estrategias que le ayudarán a almacenar y organizar sus canales y frecuencias de manera eficiente.

Comience por categorizar sus frecuencias según su propósito. Esto puede incluir frecuencias de emergencia, repetidores locales, canales simplex para comunicación directa, canales meteorológicos y cualquier otro uso específico que pueda tener. Agrupar frecuencias por categoría le permite navegar por los canales de su radio de manera más intuitiva. Por ejemplo, podría asignar los primeros diez canales para uso de emergencia, los diez siguientes para repetidores locales, etc.

Al programar su radio, use nombres de canales para ayudar a identificar cada frecuencia fácilmente. Muchas radios Baofeng le permiten asignar un nombre a cada canal, lo que facilita reconocer para qué sirve cada canal sin tener que recordar frecuencias específicas. Por ejemplo, podría nombrar un canal "EMERGENCIA" para su frecuencia de emergencia principal, "TIEMPO" para su canal meteorológico local o "REPEATER1" para un repetidor de uso frecuente. Se pueden nombrar canales utilizando un software de programación como CHIRP, donde puede ingresar los nombres junto con las frecuencias y otras configuraciones.

Otra estrategia eficaz es utilizar un sistema de numeración lógico para sus canales. Esto puede significar asignar ciertos bloques de números a tipos específicos de frecuencias. Por ejemplo, los canales 1-10 podrían reservarse para frecuencias de emergencia, 11-20 para repetidores, 21-30 para canales simplex, etc. Este sistema no sólo le ayuda a recordar dónde está almacenado cada tipo de frecuencia, sino que también agiliza la navegación hasta el canal deseado. Si tiene varias radios, mantener un sistema de numeración coherente en todas ellas garantiza que usted y otras personas puedan cambiar fácilmente entre dispositivos sin confusión.

Usar diferentes bancos de memoria, si su radio los admite, también puede mejorar la organización. Los bancos de memoria le permiten crear grupos separados de canales a los que se puede acceder de forma independiente. Esto es particularmente útil si usa su radio en múltiples contextos, como caminatas, preparación para emergencias y comunicación diaria. Al asignar diferentes bancos para cada contexto, puedes cambiar entre conjuntos de canales sin tener que reprogramar la radio cada vez.

Para que el acceso a los canales sea aún más eficiente, considere priorizar los canales utilizados con más frecuencia y colocarlos al principio de su lista. Esto reduce el tiempo dedicado a desplazarse por los canales y garantiza que pueda llegar rápidamente a los que necesita con más frecuencia. Por ejemplo, si tiene una frecuencia de emergencia que usa regularmente, debería ser uno de los primeros canales de su radio.

También es una buena idea mantener un registro escrito o digital de los canales programados y sus correspondientes frecuencias, nombres y propósitos. Puede ser una simple hoja de cálculo o un documento más detallado al que pueda consultar según sea necesario. Tener este registro es invaluable si necesita reprogramar su radio o si está ayudando a otra persona a programar la suya. También sirve como respaldo en caso de que necesite restablecer su radio a la configuración de fábrica.

Revisar y actualizar periódicamente sus canales programados es esencial para mantener un sistema de comunicación eficaz. Las frecuencias pueden cambiar, es posible que se instalen nuevos repetidores o es posible que encuentre mejores canales para sus necesidades. Verificar periódicamente su lista de canales programados y realizar los ajustes necesarios garantiza que su radio permanezca actualizada y funcional.

Además de organizar los canales dentro de su radio, considere cómo guarda y transporta su radio y sus accesorios. Mantener todo en un estuche o bolsa exclusivo puede ayudar a proteger su equipo y mantenerlo fácilmente accesible. Etiquetar su estuche o bolsa con información esencial, como números de contacto de emergencia y frecuencias clave, agrega una capa adicional de preparación.

Para quienes utilizan sus radios en grupos, como en una familia, un club de excursionistas o un equipo de respuesta a emergencias, la comunicación constante sobre los canales programados es crucial. Asegúrese de que todos los miembros conozcan la organización del canal y las convenciones de nomenclatura. Este conocimiento compartido mejora la coordinación del grupo y reduce el riesgo de falta de comunicación durante los momentos críticos.

Otro consejo para un uso eficiente de los canales almacenados es practicar el uso de la radio con regularidad. La familiaridad con el funcionamiento de su dispositivo y la distribución de canales garantiza que podrá utilizarlo de forma eficaz cuando más lo necesite. La práctica regular puede incluir actividades simples como escanear canales, verificar informes meteorológicos o hacer contactos breves en frecuencias simplex. Cuanto más cómodo se sienta navegando por su radio, más eficiente será su comunicación en situaciones reales.

Aproveche la función de escaneo disponible en la mayoría de las radios Baofeng. La exploración permite que su radio recorra los canales programados y se detenga en cualquier frecuencia activa. Esta característica es particularmente útil para monitorear múltiples canales simultáneamente. Puede configurar su radio para escanear sus grupos organizados de frecuencias, asegurándose de no perder ninguna comunicación importante.

Organizar y almacenar canales y frecuencias en su radio Baofeng implica una categorización cuidadosa, una numeración lógica y una denominación coherente. Al agrupar frecuencias por propósito, usar nombres claros y mantener una estructura de canales lógica, puede mejorar la eficiencia y eficacia de su comunicación. Las actualizaciones periódicas, la práctica y el conocimiento compartido dentro de los grupos mejoran aún más la usabilidad de su radio. Con estas estrategias, su radio Baofeng se convierte en una poderosa herramienta para una comunicación confiable en cualquier situación.

CAPÍTULO 4

Uso efectivo de la antena

Elegir e instalar la antena adecuada

Seleccionar e instalar la antena adecuada para su radio Baofeng es crucial para mejorar su rendimiento y garantizar una comunicación confiable. La antena es uno de los componentes más importantes de cualquier configuración de radio porque afecta directamente el alcance y la claridad de sus transmisiones y recepciones. Aquí encontrará una guía detallada para ayudarle a elegir e instalar la mejor antena para sus necesidades, junto con consejos para una ubicación óptima.

En primer lugar, es importante comprender que la antena original que viene con la mayoría de las radios Baofeng, a menudo denominada antena de "pato de goma", generalmente es adecuada para un uso básico, pero tiene un alcance y un rendimiento limitados. Para mejorar significativamente las capacidades de su radio, considere actualizar a una antena de mayor calidad. Hay varios tipos de antenas disponibles, cada una diseñada para diferentes escenarios y requisitos.

Una opción popular es la Nagoya NA-771, una antena de látigo flexible conocida por su alcance mejorado y mejor recepción en comparación con las antenas originales. Esta antena es más larga y puede mejorar significativamente sus capacidades de transmisión y recepción. Otra opción es la Nagoya NA-24J, que es más corta pero aún ofrece una mejora considerable con respecto a la antena original. La elección entre estas y otras antenas depende de sus necesidades específicas, como la portabilidad, el alcance y el entorno.

Al seleccionar una antena, considere las bandas de frecuencia que pretende utilizar. Las radios Baofeng suelen funcionar en las bandas VHF (muy alta frecuencia) y UHF (ultra alta frecuencia).

Asegúrese de que la antena que elija esté diseñada para funcionar bien dentro de estos rangos de frecuencia. La mayoría de las antenas del mercado de accesorios especifican su compatibilidad de rango de frecuencia, así que verifique las especificaciones del producto antes de realizar una compra.

Instalar una nueva antena en su radio Baofeng es sencillo. Comience desatornillando la antena original de la radio. Sostenga la base de la antena y gírela en sentido antihorario para retirarla. Luego, tome su nueva antena y atorníllela al conector SMA (versión subminiatura A) de la radio girándola en el sentido de las agujas del reloj. Asegúrese de que la antena esté bien sujeta, pero evite apretarla demasiado, ya que esto podría dañar el conector.

La ubicación adecuada de la antena es esencial para lograr el mejor rendimiento. Cuando se utiliza una radio Baofeng portátil, la antena debe colocarse verticalmente para una propagación óptima de la señal. Esta orientación vertical se alinea con la polarización de la mayoría de las señales de comunicación, lo que garantiza una mejor transmisión y recepción. Si utiliza la radio en interiores, intente mantener la antena alejada de objetos metálicos grandes y dispositivos electrónicos que puedan interferir con la señal.

En entornos exteriores, la ubicación de la antena se vuelve aún más crítica. Una ubicación más alta generalmente da como resultado un mejor alcance porque reduce las obstrucciones y mejora la línea de visión entre su antena y otras radios o repetidores. Si es posible, eleve su radio o su antena usando un mástil u otro soporte. Por ejemplo, durante una acampada o una excursión, puede utilizar la rama de un árbol o un mástil portátil para elevar la antena por encima de los obstáculos circundantes.

Para uso móvil, como en un vehículo, considere usar una antena de montaje magnético. Estas antenas se pueden colocar en el techo de su automóvil, proporcionando una plataforma más alta y estable que una antena de mano. Las antenas de montaje magnético generalmente vienen con un cable coaxial que se conecta a su radio Baofeng, lo que le permite operar la radio desde el interior del vehículo mientras la antena permanece afuera. Esta configuración mejora la intensidad de la señal y reduce la interferencia de la carrocería metálica del vehículo.

Otra opción avanzada es utilizar una antena de estación base para ubicaciones fijas, como su casa o un campamento remoto. Las antenas de las estaciones base suelen ser más grandes y están diseñadas para comunicaciones de largo alcance. Deben montarse en una estructura estable, como un mástil o un tejado, y conectarse a su radio mediante un cable coaxial de alta calidad. Las antenas de estaciones base ofrecen un rendimiento superior pero requieren más configuración y son menos portátiles.

Al elegir e instalar una antena, también es importante tener en cuenta la ROE (relación de onda estacionaria). La ROE mide la eficiencia de la antena y su capacidad para transmitir señales de manera efectiva. Una ROE alta indica una eficiencia deficiente e incluso puede dañar el transmisor de su radio. Con un medidor SWR, puede probar el rendimiento de la antena y realizar los ajustes necesarios. Idealmente, la ROE debería estar por debajo de 2:1 para un rendimiento óptimo. Algunas antenas vienen con elementos ajustables para ajustar la ROE, mientras que otras pueden requerir reposicionamiento o cambiar la longitud del cable coaxial.

El mantenimiento de su antena también es crucial para el rendimiento a largo plazo. Verifique periódicamente si hay algún daño físico, como grietas o dobleces, especialmente si está utilizando una antena de látigo flexible. Limpiar la antena y su conector para asegurar una buena conexión eléctrica. Para antenas exteriores, inspeccione los accesorios de montaje y el cable coaxial para detectar desgaste relacionado con el clima. Reemplazar los componentes dañados rápidamente puede evitar la degradación de la señal y garantizar una comunicación confiable.

Actualizar la antena de su radio Baofeng puede mejorar significativamente su alcance y rendimiento. Considere sus necesidades específicas y su entorno operativo al seleccionar una antena, ya sea un látigo flexible, un soporte magnético o un modelo de estación base. La instalación y ubicación adecuadas de la antena son clave para lograr los mejores resultados; las elevaciones más altas y la orientación vertical generalmente proporcionan un mejor rendimiento. El mantenimiento regular y las comprobaciones de ROE garantizan que su antena siga funcionando eficazmente con el tiempo. Si sigue estas pautas, podrá optimizar la configuración de su radio Baofeng para lograr una comunicación confiable y eficiente en cualquier situación.

Mantenimiento y solución de problemas de antena

El mantenimiento de la antena de su radio Baofeng es esencial para garantizar su longevidad y rendimiento óptimo. Una antena en buen estado puede mejorar significativamente sus capacidades de comunicación, mientras que una descuidada puede provocar una mala calidad de la señal e incluso dañar su radio. Esta sección brinda consejos integrales sobre el mantenimiento de la antena y la resolución de problemas comunes, ayudándolo a mantener su equipo en óptimas condiciones.

Inspeccionar periódicamente su antena es el primer paso para mantener su rendimiento. Verifique si hay daños físicos como grietas, dobleces o corrosión, especialmente si está utilizando una antena de látigo flexible que puede ser más propensa a desgastarse. El daño físico puede afectar significativamente la capacidad de la antena para transmitir y recibir señales de manera efectiva. Si nota algún problema, es importante solucionarlo de inmediato. Para curvas menores, enderezar suavemente la antena puede restaurar su funcionalidad, pero para daños más graves, considere reemplazar la antena por completo.

Limpiar su antena y sus conectores es otra tarea de mantenimiento crucial. Con el tiempo, la suciedad, el polvo y la mugre pueden acumularse en la antena y afectar su rendimiento. Utilice un paño suave y húmedo para limpiar la antena, asegurándose de que esté libre de residuos. Preste especial atención a los conectores, ya que una conexión limpia asegura un buen contacto eléctrico entre la antena y la radio. Para los conectores, puedes utilizar un bastoncillo de algodón humedecido en alcohol isopropílico para eliminar cualquier oxidación o suciedad. Esta limpieza debe realizarse periódicamente, especialmente si utiliza su radio en ambientes exteriores donde está expuesta a los elementos.

Si utiliza un soporte magnético o una antena de estación base, inspeccione periódicamente el hardware de montaje y el cable coaxial. Asegúrese de que la base magnética esté bien sujeta y libre de óxido. Para antenas de estaciones base, verifique que todos los pernos y soportes de montaje estén apretados y en buenas condiciones. El cable coaxial no debe tener cortes, torceduras ni desgaste. Un cable coaxial dañado puede provocar pérdida de señal y un rendimiento deficiente. Si encuentra algún daño, reemplace el cable lo antes posible para mantener la integridad de su sistema de comunicación.

Un problema común con las antenas es una alta relación de onda estacionaria (ROE), que indica ineficiencia en la transmisión de señales. Con un medidor de ROE, puede medir la ROE de su antena. Idealmente, la ROE debería estar por debajo de 2:1. Si la ROE es mayor, sugiere que la antena no está sintonizada correctamente o que hay un problema con la instalación. Para solucionar problemas, primero verifique la conexión de la antena para asegurarse de que esté firme y segura. Si la conexión es buena, intente ajustar la longitud o la posición de la antena. Algunas antenas tienen elementos ajustables que se pueden ajustar para lograr una mejor ROE. Si ajustar la antena no resuelve el problema, inspeccione el cable coaxial en busca de daños o reemplácelo con un cable de alta calidad.

Otro consejo para solucionar problemas es probar la antena en una ubicación diferente. A veces, la ubicación de la antena puede causar problemas con la recepción y transmisión de la señal. Si estás en el interior, intenta acercarte a una ventana o a un espacio abierto. Para uso en exteriores, eleve la antena si es posible, utilizando un mástil o la rama de un árbol para mejorar su línea de visión. Una ubicación más alta reduce las obstrucciones y mejora la capacidad de la antena para comunicarse a distancias más largas.

Si experimenta problemas intermitentes con su antena, podría deberse a conexiones sueltas o factores ambientales. Asegúrese de que la antena esté firmemente conectada a la radio y que los conectores estén limpios y apretados. Los problemas intermitentes también pueden deberse a condiciones climáticas, como lluvia o temperaturas extremas. Si nota una caída en el rendimiento durante ciertas condiciones climáticas, considere usar una cubierta o carcasa resistente a la intemperie para su antena para protegerla de los elementos.

Para los usuarios que cambian frecuentemente de antena o usan sus radios en diferentes entornos, puede resultar útil mantener un registro del rendimiento de la antena. Registre las lecturas de ROE, la calidad de la señal y cualquier problema que encuentre con cada antena y ubicación. Este registro puede ayudarle a identificar patrones y tomar decisiones más informadas sobre el mantenimiento y la resolución de problemas de la antena. Por ejemplo, si nota que la ROE aumenta constantemente después de usar la radio en un entorno particular, puede tomar medidas preventivas, como una limpieza adicional o el uso de cubiertas protectoras.

En algunos casos, el uso de un analizador de antena puede proporcionar información más detallada sobre el rendimiento de su sistema de antena. Un analizador de antena puede ayudarlo a identificar rangos de frecuencia específicos donde la antena funciona mejor y dónde podría necesitar ajuste. Esta herramienta es particularmente útil para usuarios avanzados que desean ajustar su configuración para obtener un rendimiento óptimo.

Considere tener una antena de respaldo en caso de emergencias. Si su antena principal falla o se daña, tener una de repuesto garantiza que podrá continuar comunicándose sin interrupciones. Mantenga la antena de respaldo en un lugar seguro y accesible y asegúrese de que esté en buenas condiciones de funcionamiento. Pruebe periódicamente la antena de respaldo para asegurarse de que esté lista para usar cuando sea necesario.

El mantenimiento y la resolución de problemas de la antena de su radio Baofeng implican una inspección, limpieza e instalación adecuadas periódicas. Si mantiene limpios la antena y sus conectores, verifica si hay daños físicos y garantiza una buena ROE, puede maximizar el rendimiento de su radio. El mantenimiento regular y la rápida resolución de cualquier problema garantizarán que su antena siga siendo confiable y eficiente, brindando una comunicación clara y consistente. Si sigue estas pautas, podrá prolongar la vida útil de su antena y asegurarse de que su radio Baofeng funcione de la mejor manera en cualquier situación.

Mejora del rango de transmisión y la intensidad de la señal

Maximizar el rango de transmisión y la intensidad de la señal de su radio Baofeng puede mejorar significativamente sus capacidades de comunicación, especialmente en escenarios críticos de supervivencia y preparación. Para lograr esto, debe centrarse en varios factores clave, incluido el posicionamiento de la antena, la configuración de energía y las consideraciones ambientales. A continuación se ofrece un análisis en profundidad de cada uno de estos elementos y cómo contribuyen a un mejor rendimiento de la radio.

El posicionamiento de la antena es uno de los aspectos más cruciales para mejorar el alcance de transmisión y la intensidad de la señal de su radio. La antena siempre debe colocarse verticalmente cuando esté en uso, ya que esta orientación se alinea con la polarización de la mayoría de las señales de radio. La alineación vertical adecuada garantiza que las señales transmitidas y recibidas sean fuertes y claras. Cuando utilice su radio Baofeng en interiores, intente colocar la antena cerca de ventanas o espacios abiertos para minimizar las obstrucciones. Evite colocar la radio cerca de objetos metálicos grandes o dispositivos electrónicos, ya que pueden causar interferencias y degradar la calidad de la señal.

Elevar la antena también puede marcar una diferencia significativa en la intensidad de la señal y el rango de transmisión. Cuanto más alta sea la antena, menos obstrucciones encontrará, lo que mejora su capacidad para transmitir y recibir señales a mayores distancias. Para radios portátiles, considere usar una antena de látigo más larga y flexible que pueda mejorar el rendimiento al extender la altura efectiva de la antena. Si se encuentra en una posición estacionaria, como en casa o en un campamento, usar un mástil u otra estructura elevada para elevar la antena puede proporcionar un aumento sustancial en el alcance. Los usuarios de dispositivos móviles pueden beneficiarse de las antenas de montaje magnético colocadas en el techo de un vehículo, que también elevan eficazmente la antena.

La configuración de energía de su radio Baofeng juega un papel fundamental a la hora de determinar qué tan lejos puede viajar su señal. Las radios Baofeng suelen ofrecer diferentes configuraciones de potencia, como baja, media y alta. El uso de la configuración de alta potencia aumentará el alcance de transmisión, pero también agotará la batería más rápidamente. Por lo tanto, es importante equilibrar el uso de energía con la duración de la batería, especialmente en situaciones en las que es posible que no sea posible recargarla. En general, utilice la configuración de alta potencia cuando necesite comunicarse a distancias más largas o cuando las condiciones de la señal sean deficientes. Para comunicaciones rutinarias a distancias más cercanas, las configuraciones de potencia baja o media pueden ser suficientes y más eficientes energéticamente.

Las consideraciones ambientales pueden afectar significativamente el rendimiento de su radio. Las señales de radio viajan mejor en áreas abiertas y sin obstáculos. Los edificios, el follaje denso, las colinas y otras barreras físicas pueden debilitar las señales y reducir el alcance de transmisión. Cuando utilice su radio Baofeng en entornos urbanos, tenga cuidado con los edificios altos y otras estructuras que pueden bloquear las señales. Intente encontrar terrenos más altos o espacios abiertos para usar su radio. En áreas rurales o silvestres, ubicarse en terreno elevado, como colinas o crestas, puede ayudar a que la señal llegue más lejos. Los cuerpos de agua como lagos o ríos también pueden afectar la propagación de la señal, lo que a menudo ayuda a que las señales viajen más lejos sobre superficies planas y reflectantes.

Las condiciones climáticas también pueden influir en la intensidad de la señal de radio y el alcance de transmisión. La lluvia, la nieve, la niebla y la alta humedad pueden atenuar las señales de radio, reduciendo su alcance efectivo. En tales condiciones, el uso de configuraciones de potencia más altas y posiciones elevadas de la antena puede ayudar a mitigar el impacto. Por el contrario, el aire frío y seco a veces puede mejorar la propagación de la señal, lo que permite que su radio se comunique a distancias más largas de lo habitual.

Otra técnica para mejorar el alcance de transmisión es utilizar repetidores. Los repetidores son dispositivos que reciben su señal y luego la retransmiten a una potencia mayor o desde una ubicación más alta, ampliando efectivamente su alcance. Las radios Baofeng son capaces de acceder a redes repetidoras, lo que puede resultar invaluable para ampliar el alcance de sus comunicaciones, especialmente en áreas con terreno desafiante o en entornos urbanos. Programar su radio para conectarse a repetidores locales puede mejorar significativamente su capacidad para comunicarse a largas distancias.

La optimización de la configuración del silenciador de la radio también puede mejorar la recepción y claridad de la señal. Squelch es una función que suprime el ruido de fondo cuando no se recibe ninguna señal. Configurar el nivel de silenciamiento demasiado alto puede bloquear señales débiles, mientras que configurarlo demasiado bajo puede generar ruido de fondo constante. Ajustar el silenciador al nivel óptimo garantiza que pueda escuchar las transmisiones entrantes con claridad y sin ruidos innecesarios. Este ajuste es particularmente útil en entornos con diferentes intensidades de señal o cuando se intenta captar señales más débiles.

El uso de accesorios de alta calidad, como un buen cable coaxial y conectores, puede mejorar aún más el rendimiento de su radio. Los cables baratos o dañados pueden provocar una pérdida importante de señal, reduciendo tanto el alcance de transmisión como la calidad de recepción. Invertir en un cable coaxial de alta calidad y bajas pérdidas garantiza que una mayor parte de su señal se transmita y reciba de manera efectiva. La verificación y el mantenimiento periódicos de estos accesorios pueden evitar problemas de rendimiento y garantizar una comunicación confiable.

Además de estas técnicas, es esencial realizar pruebas periódicas y sesiones de práctica con su radio Baofeng. Familiarícese con cómo los diferentes entornos y configuraciones afectan el rendimiento de su radio. Practique la configuración y el uso de repetidores, el ajuste de la configuración de energía y la búsqueda de ubicaciones óptimas para las antenas. La práctica regular garantiza que esté preparado para maximizar las capacidades de su radio cuando más importa.

Mejorar el rango de transmisión y la intensidad de la señal de su radio Baofeng implica una combinación de posicionamiento óptimo de la antena, configuraciones de energía adecuadas y consideración de factores ambientales. Elevar la antena, usar configuraciones de potencia más altas cuando sea necesario y tener en cuenta las obstrucciones físicas y relacionadas con el clima pueden contribuir a un mejor rendimiento. El uso de repetidores, el ajuste de la configuración del silenciador y la inversión en accesorios de alta calidad garantizan aún más que su radio funcione de la mejor manera. Al comprender y aplicar estas técnicas, podrá mejorar significativamente sus capacidades de comunicación, garantizando un uso confiable y eficaz de su radio Baofeng en cualquier situación.

CAPÍTULO 5

Funciones avanzadas de radio Baofeng

Explorando transmisión activada por voz

La función transmisión activada por voz de las radios Baofeng es una funcionalidad avanzada que permite la comunicación con manos libres. Esta característica es particularmente útil en situaciones donde usar las manos para operar la radio no es práctico o imposible, como al caminar, andar en bicicleta o realizar tareas que requieren ambas manos. Al transmitir automáticamente su voz cuando detecta sonido, transmisión activada por voz le permite comunicarse sin esfuerzo sin necesidad de presionar el botón pulsar para hablar.

Para entender cómo funciona transmisión activada por voz, es fundamental saber que esta función utiliza un micrófono incorporado para detectar el sonido de tu voz. Cuando hablas, el micrófono capta el sonido y hace que la radio comience a transmitir. Esta operación de manos libres hace que sea mucho más fácil comunicarse en situaciones en las que operar manualmente la radio es inconveniente. Sin embargo, configurar transmisión activada por voz correctamente es fundamental para garantizar que funcione eficazmente sin transmitir ruidos no deseados.

Activar la función transmisión activada por voz en su radio Baofeng implica unos sencillos pasos. Primero, asegúrese de que su radio esté encendida y en el modo correcto. Acceda al menú presionando el botón "Menú" en su radio. Utilice las teclas de flecha para navegar por las opciones del menú hasta encontrar la configuración transmisión activada por voz. Esta configuración puede tener una etiqueta diferente según el modelo de Baofeng, pero normalmente se encuentra en la opción de menú "transmisión activada por voz" o "Interruptor operado por voz". Una vez que ubique la configuración transmisión activada por voz, selecciónela presionando el botón "Menú" nuevamente.

Con la configuración transmisión activada por voz seleccionada, ahora puede ajustar el nivel de sensibilidad transmisión activada por voz. El nivel de sensibilidad determina la facilidad con la que el micrófono activa la transmisión. Una sensibilidad más alta significa que la radio transmitirá con sonidos más bajos, mientras que una sensibilidad más baja requiere sonidos más fuertes para activar la transmisión. Ajuste el nivel de sensibilidad según su entorno y preferencias personales. Por ejemplo, en un ambiente ruidoso, es posible que desee reducir la sensibilidad para evitar que el ruido de fondo active la función transmisión activada por voz. Por el contrario, en un entorno silencioso, un nivel de sensibilidad más alto garantiza que su voz se detecte fácilmente.

Después de configurar el nivel de sensibilidad, salga del menú presionando el botón "Salir" o esperando a que la radio regrese a la pantalla principal automáticamente. Pruebe la función transmisión activada por voz hablando por el micrófono. Deberás notar que la radio comienza a transmitir sin necesidad de presionar el botón PTT. Ajuste el nivel de sensibilidad según sea necesario según su prueba inicial para garantizar un rendimiento óptimo.

Configurar el tiempo de retardo de transmisión activada por voz es otro paso importante para garantizar un funcionamiento sin problemas. El tiempo de retardo determina cuánto tiempo continúa transmitiendo la radio después de que usted deja de hablar. Un tiempo de demora breve puede provocar que la radio corte la transmisión demasiado rápido, mientras que un tiempo de demora prolongado puede provocar transmisiones innecesarias de ruido de fondo después de que termine de hablar. Para ajustar el tiempo de retardo de transmisión activada por voz, regrese a la configuración de transmisión activada por voz en el menú y busque la opción "Retraso de transmisión activada por voz". Establezca el tiempo de retardo en un valor que permita pausas naturales en su discurso sin cortar la transmisión prematuramente.

El uso eficaz de transmisión activada por voz requiere cierta práctica y conocimiento de su entorno. Cuando utilice transmisión activada por voz en entornos ruidosos, tenga en cuenta los ruidos de fondo que podrían activar la transmisión sin darse cuenta. Actividades como caminar sobre grava, crujir de ropa u otros sonidos ambientales pueden hacer que la radio transmita sin querer. Para mitigar esto, ajuste el nivel de sensibilidad adecuadamente y considere usar un micrófono externo con función de cancelación de ruido si su modelo Baofeng lo admite.

En actividades al aire libre, como senderismo o ciclismo, transmisión activada por voz puede mejorar significativamente su capacidad para comunicarse sin detenerse a operar la radio manualmente. Al enganchar la radio a su ropa o mochila y usar unos auriculares, podrá mantener una comunicación constante con su grupo. Esto es particularmente valioso en escenarios donde la coordinación y la seguridad son primordiales, como navegar por terrenos desafiantes o realizar un seguimiento de los miembros del grupo en bosques densos.

transmisión activada por voz también resulta beneficioso en situaciones de emergencia en las que el funcionamiento con manos libres puede ahorrar un tiempo valioso. Por ejemplo, si necesitas pedir ayuda mientras realizas primeros auxilios o realizas una tarea urgente, transmisión activada por voz te permite comunicarte sin interrumpir tus acciones. Esta característica garantiza que pueda proporcionar información crítica de manera rápida y eficiente.

Otra aplicación de transmisión activada por voz es en entornos profesionales donde la comunicación manos libres mejora la productividad. Los trabajadores de la construcción, los coordinadores de eventos y otros profesionales pueden beneficiarse de transmisión activada por voz al tener las manos libres para sus tareas y al mismo tiempo mantener una comunicación fluida con su equipo. En tales escenarios, el uso de auriculares o audífonos con la radio habilitada para transmisión activada por voz proporciona una comunicación clara e ininterrumpida.

A pesar de sus ventajas, transmisión activada por voz tiene limitaciones que los usuarios deben conocer. El principal desafío es gestionar el ruido de fondo, que puede provocar transmisiones no deseadas. Además, es posible que transmisión activada por voz no sea adecuado para entornos con altos niveles de ruido constante, como conciertos o sitios de construcción, donde la operación tradicional de pulsar para hablar podría ser más confiable. Comprender estas limitaciones ayuda a los usuarios a decidir cuándo y dónde utilizar transmisión activada por voz de forma eficaz.

Para maximizar los beneficios de transmisión activada por voz, considere usar accesorios diseñados para operación con manos libres. Los auriculares, audífonos y micrófonos externos pueden mejorar el rendimiento de la función transmisión activada por voz al proporcionar una mejor calidad de sonido y reducir el ruido de fondo. Al seleccionar accesorios, asegúrese de que sean compatibles con su modelo Baofeng y satisfagan sus necesidades específicas.

En conclusión, la función transmisión activada por voz de las radios Baofeng ofrece importantes ventajas para la comunicación manos libres en diversos escenarios. Al comprender cómo activar, configurar y usar transmisión activada por voz de manera efectiva, puede mejorar la funcionalidad de su radio y mejorar su experiencia de comunicación. Ya sea que esté realizando actividades al aire libre, gestionando tareas profesionales o respondiendo a emergencias, transmisión activada por voz le permite mantenerse conectado mientras mantiene las manos libres. A través de la configuración y la práctica adecuadas, puede aprovechar esta función avanzada en todo su potencial, garantizando una comunicación confiable y eficiente en cualquier situación.

Uso de los modos de vigilancia dual y recepción dual

Los modos de vigilancia dual y recepción dual de las radios Baofeng son características avanzadas que mejoran significativamente la flexibilidad y eficiencia de la comunicación. Estos modos permiten a los usuarios monitorear y recibir transmisiones en dos frecuencias diferentes simultáneamente, lo que los hace invaluables para una variedad de escenarios, desde la preparación para emergencias hasta el uso diario en entornos profesionales.

El modo de vigilancia dual permite que la radio explore y monitoree dos frecuencias preseleccionadas. Esto significa que la radio alternará constantemente entre estas frecuencias, escuchando cualquier transmisión entrante. Cuando se detecta una señal en cualquier frecuencia, la radio deja de escanear y permanece sintonizada en el canal activo, lo que permite al usuario escuchar y responder a la transmisión. El modo de vigilancia dual es particularmente útil en situaciones en las que necesita mantenerse informado sobre la actividad en dos canales diferentes, como monitorear un canal de comunicación principal y una frecuencia de emergencia.

Configurar el modo de vigilancia dual en una radio Baofeng es sencillo. Comience encendiendo su radio y accediendo al menú presionando el botón "Menú". Utilice las teclas de flecha para navegar hasta la configuración "TDR" (vigilancia dual). Seleccione esta opción presionando nuevamente el botón "Menú". Luego verá opciones para activar o desactivar el modo de vigilancia dual. Seleccione "ON" para activar la función. Después de activar el modo de vigilancia dual, debe seleccionar las dos frecuencias que desea monitorear. Esto se hace programando cada frecuencia en uno de los canales de memoria de la radio. Una vez programadas las frecuencias, la radio buscará automáticamente entre ellas, asegurando que usted se mantenga informado en ambos canales.

El modo de recepción dual, por otro lado, permite que la radio reciba transmisiones en dos frecuencias diferentes simultáneamente. Esto significa que puede escuchar ambos canales al mismo tiempo sin que la radio cambie de un lado a otro. La recepción dual es extremadamente beneficiosa en situaciones en las que necesita escuchar y responder a múltiples fuentes de información sin perder ninguna transmisión crítica. Por ejemplo, los socorristas y coordinadores de eventos pueden beneficiarse del modo de recepción dual al permanecer conectados tanto con su equipo como con un centro de comando, lo que garantiza una comunicación y coordinación fluidas.

Para configurar el modo de recepción dual, primero asegúrese de que su radio Baofeng admita esta función, ya que no todos los modelos lo hacen. Si su radio admite recepción dual, comience encendiendo la radio y accediendo al menú. Navegue hasta la configuración "TDR-AB", que controla el canal prioritario para recepción dual. Puede configurarlo en "A" o "B", según el canal que desee priorizar. Después de configurar el canal prioritario, programe las frecuencias deseadas en los canales de memoria, tal como lo haría en el modo de vigilancia dual. Una vez programada, la radio recibirá transmisiones en ambas frecuencias simultáneamente, lo que le permitirá escuchar todas las comunicaciones sin interrupción.

El uso eficaz de los modos de vigilancia dual y recepción dual requiere algo de práctica y comprensión de sus beneficios. Estos modos son particularmente útiles en entornos de comunicación complejos donde es necesario monitorear múltiples canales. Por ejemplo, en un escenario de respuesta a un desastre, es posible que necesite monitorear una frecuencia de emergencia para obtener actualizaciones mientras mantiene la comunicación con su equipo de respuesta en un canal separado. El modo de vigilancia dual garantiza que no se pierda ninguna actualización crítica en ninguna de las frecuencias. De manera similar, en un entorno profesional como la gestión de eventos, el modo de recepción dual le permite coordinar con el personal en diferentes tareas simultáneamente, mejorando la eficiencia y el tiempo de respuesta.

Otra aplicación práctica de estos modos es en actividades recreativas como caminatas o campamentos, donde mantenerse conectado con un grupo y monitorear las frecuencias de emergencia puede mejorar la seguridad. Al utilizar el modo de vigilancia dual, puede asegurarse de mantenerse informado sobre las actualizaciones meteorológicas o las transmisiones de emergencia mientras mantiene la comunicación con su grupo. Esta capacidad de monitoreo dual puede salvar vidas en entornos remotos o desafiantes.

Es importante tener en cuenta que, si bien los modos de vigilancia dual y recepción dual ofrecen ventajas significativas, también pueden afectar la duración de la batería. Monitorear dos frecuencias simultáneamente requiere más energía, por lo que es esencial administrar cuidadosamente el uso de la batería de su radio. Llevar baterías de repuesto o un cargador portátil puede ayudar a garantizar que su radio permanezca operativa durante un uso prolongado. Además, comprender cómo cambiar rápidamente entre los modos simple y dual puede ayudar a conservar la vida útil de la batería cuando no es necesario el monitoreo dual.

En términos de optimizar estas funciones, considere los siguientes consejos: Primero, priorice los canales que necesita monitorear. En el modo de vigilancia dual, configure la frecuencia más crítica como canal principal para asegurarse de no perder transmisiones importantes. En el modo de recepción dual, tenga en cuenta el aumento del tráfico de audio y practique escuchando información clave en ambos canales. Ajustar los niveles de volumen para cada canal puede ayudar a distinguir entre ellos, lo que facilita identificar qué canal está activo.

Comprender las limitaciones de estos modos también es crucial. El modo de escucha dual, por ejemplo, puede no ser adecuado para entornos con altos niveles de tráfico de radio, ya que la conmutación constante puede dificultar el seguimiento de las conversaciones. El modo de recepción dual, si bien ofrece escucha simultánea, a veces puede provocar una superposición de audio, lo que dificulta discernir transmisiones individuales. Ser consciente de estas limitaciones ayuda a decidir cuándo y cómo utilizar estas funciones de forma eficaz.

Los modos de vigilancia dual y recepción dual en las radios Baofeng son herramientas poderosas que mejoran las capacidades de comunicación. Al permitir a los usuarios monitorear y recibir transmisiones en dos frecuencias simultáneamente, estas características brindan flexibilidad y eficiencia en varios escenarios. Configurar estos modos implica programar las frecuencias deseadas y configurar los ajustes de radio de manera adecuada. Con práctica y uso adecuado, la vigilancia dual y la recepción dual pueden mejorar significativamente su capacidad para mantenerse informado y comunicarse de manera efectiva, ya sea en situaciones de emergencia, entornos profesionales o actividades recreativas. Comprender y utilizar estas funciones avanzadas le garantiza maximizar el potencial de su radio Baofeng, manteniéndolo conectado y preparado en cualquier situación.

Aprovechando Sistema de silenciamiento codificado por tonos continuos y Silenciamiento codificado digital para la privacidad y la comunicación grupal

Sistema de silenciamiento codificado por tonos continuos y Silenciamiento codificado digital son funciones avanzadas que se encuentran en las radios Baofeng y que mejoran significativamente la privacidad y la comunicación grupal. Estos sistemas permiten a los usuarios comunicarse en frecuencias compartidas sin interferencias de otros usuarios, garantizando conversaciones claras y privadas.

Sistema de silenciamiento codificado por tonos continuos funciona añadiendo un tono de audio de baja frecuencia a la señal transmitida. Este tono es inaudible para el oído humano pero puede detectarse mediante radios equipadas con el mismo tono Sistema de silenciamiento codificado por tonos continuos. Cuando una radio recibe una transmisión con un tono Sistema de silenciamiento codificado por tonos continuos coincidente, abre el silenciador (puerta de audio) y permite que se escuche el mensaje. Si el tono no coincide, la radio permanece en silencio. Este silenciamiento selectivo garantiza que sólo se escuchen las transmisiones de radios que utilizan el mismo tono Sistema de silenciamiento codificado por tonos continuos, lo que proporciona un nivel de privacidad y reduce la interferencia de otros usuarios en la misma frecuencia.

Silenciamiento codificado digital es similar a Sistema de silenciamiento codificado por tonos continuos pero utiliza códigos digitales en lugar de tonos de audio. Cada transmisión está codificada con un código digital específico y solo las radios configuradas con el mismo código abrirán su silenciador para permitir que se escuche la transmisión. Silenciamiento codificado digital ofrece más combinaciones de códigos que Sistema de silenciamiento codificado por tonos continuos, lo que proporciona mayor flexibilidad y seguridad para las comunicaciones grupales.

Para configurar Sistema de silenciamiento codificado por tonos continuos en su radio Baofeng, comience encendiendo la radio y accediendo al menú presionando el botón "Menú". Utilice las teclas de flecha para navegar hasta la configuración "T-CTCS". Seleccione esta opción presionando nuevamente el botón "Menú". Verá una lista de tonos Sistema de silenciamiento codificado por tonos continuos disponibles, normalmente numerados del 1 al 50 o más. Elija un tono que coincida con el utilizado por su grupo u organización. Presione "Menú" para confirmar su selección y luego salir del menú.

La configuración de Silenciamiento codificado digital sigue un proceso similar. Acceda al menú y navegue hasta la configuración "T-DCS". Seleccione esta opción y elija el código

Silenciamiento codificado digital apropiado de la lista. Confirme su selección presionando "Menú" y luego salga del menú. Es importante asegurarse de que todas las radios de su grupo estén configuradas con el mismo tono Sistema de silenciamiento codificado por tonos continuos o código Silenciamiento codificado digital para una comunicación fluida.

El uso práctico de Sistema de silenciamiento codificado por tonos continuos y Silenciamiento codificado digital va más allá de la privacidad. Estas características son particularmente valiosas en entornos con mucho tráfico de radio, como grandes eventos, sitios de construcción o escenarios de respuesta a emergencias. Al filtrar las transmisiones que no coinciden con el tono o código seleccionado, los usuarios pueden concentrarse en las comunicaciones relevantes para su grupo sin distraerse con conversaciones no relacionadas.

En entornos familiares o recreativos, Sistema de silenciamiento codificado por tonos continuos y Silenciamiento codificado digital mejoran la experiencia de comunicación al reducir la interferencia. Por ejemplo, si está caminando con un grupo y desea mantenerse en contacto sin escuchar a otros excursionistas en la misma frecuencia, configurar un tono Sistema de silenciamiento codificado por tonos continuos único garantiza que sus radios solo se comuniquen entre sí. Esta comunicación selectiva también es útil en zonas urbanas donde muchas personas utilizan radios para diversos fines.

Comprender la importancia de Sistema de silenciamiento codificado por tonos continuos y Silenciamiento codificado digital en la comunicación grupal es crucial. Estas características crean canales de comunicación privados dentro de frecuencias compartidas, lo que los hace ideales para coordinar actividades sin interrupciones externas. Esto es particularmente beneficioso para las organizaciones que dependen de una comunicación clara y confiable, como equipos de seguridad, organizadores de eventos y personal de emergencia.

Además de la privacidad, Sistema de silenciamiento codificado por tonos continuos y Silenciamiento codificado digital mejoran la eficiencia al garantizar que solo se escuchen los mensajes relevantes. Esta escucha selectiva reduce la probabilidad de que se pierdan o ignoren mensajes, lo que mejora la eficacia general de la comunicación. Por ejemplo, en el escenario de un sitio de construcción, diferentes equipos pueden usar distintos tonos Sistema de silenciamiento codificado por tonos continuos o códigos Silenciamiento codificado digital para comunicarse dentro de sus grupos sin superponerse con otros equipos. Esta estructura de comunicación organizada minimiza la confusión y aumenta la productividad.

Al utilizar Sistema de silenciamiento codificado por tonos continuos y Silenciamiento codificado digital, es esencial educar a todos los miembros del grupo sobre la importancia de establecer y mantener el tono o código correcto. Pueden producirse problemas de comunicación si incluso una radio no está configurada correctamente, lo que provoca posibles retrasos o pérdida de instrucciones. Verificar y verificar periódicamente la configuración de todas las radios garantiza una comunicación consistente y confiable.

Si bien Sistema de silenciamiento codificado por tonos continuos y Silenciamiento codificado digital brindan importantes beneficios, no son infalibles. Es posible que otros usuarios seleccionen accidentalmente el mismo tono o código, lo que provocaría interferencias no deseadas. Además, estos sistemas no cifran la transmisión, lo que significa que alguien con una radio configurada con el tono o código correcto aún puede escucharla. Para situaciones que requieren niveles más altos de seguridad, se debe considerar cifrado adicional o métodos de comunicación seguros.

Para maximizar la efectividad de Sistema de silenciamiento codificado por tonos continuos y Silenciamiento codificado digital, considere los siguientes consejos: Primero, elija tonos o códigos que tengan menos probabilidades de ser utilizados por otros. Si bien algunas radios vienen con configuraciones predeterminadas que muchos usuarios pueden seleccionar, optar por tonos o códigos menos comunes reduce la probabilidad de interferencia. En segundo lugar, actualice periódicamente los tonos o códigos utilizados por su grupo para mantener la privacidad y reducir el riesgo de superposición con otros usuarios. En tercer lugar, practique la etiqueta radiofónica adecuada utilizando un lenguaje claro y conciso, y asegúrese de que todos los miembros del grupo estén familiarizados con el funcionamiento de las funciones Sistema de silenciamiento codificado por tonos continuos y Silenciamiento codificado digital.

Sistema de silenciamiento codificado por tonos continuos y Silenciamiento codificado digital son herramientas valiosas para mejorar la privacidad y la comunicación grupal en las radios Baofeng. Al filtrar selectivamente las transmisiones, estas funciones garantizan que solo se escuchen los mensajes relevantes, lo que reduce la interferencia y mejora la eficiencia de la comunicación. Configurar y usar Sistema de silenciamiento codificado por tonos continuos y Silenciamiento codificado digital implica seleccionar el tono o código apropiado y garantizar que todas las radios del grupo estén configuradas correctamente. Con un uso adecuado, estas funciones brindan un nivel de privacidad y claridad que es esencial para diversos escenarios de comunicación, desde entornos profesionales hasta actividades recreativas. Comprender y aprovechar Sistema de silenciamiento codificado por tonos continuos y Silenciamiento codificado digital mejora la experiencia general de comunicación por radio, garantizando conexiones claras y confiables en cualquier entorno.

CAPÍTULO 6

Aplicaciones prácticas en escenarios de supervivencia

Creación e implementación de planes de comunicación

Crear e implementar planes de comunicación en escenarios de supervivencia es crucial para garantizar que todos los miembros de su grupo puedan permanecer conectados e informados durante las emergencias. Un plan de comunicación bien pensado describe cómo los miembros del grupo se comunicarán entre sí, qué herramientas y métodos utilizarán y cómo coordinarán sus esfuerzos para lograr objetivos comunes. La comunicación eficaz puede marcar la diferencia entre la seguridad y el desastre, por lo que es esencial contar con un plan sólido.

Comience por identificar los escenarios de supervivencia específicos que pueda encontrar. Estos podrían incluir desastres naturales como terremotos, inundaciones o huracanes; emergencias provocadas por el hombre, como cortes de energía, disturbios civiles o ataques terroristas; o situaciones en la naturaleza, como perderse o lesionarse durante una caminata. Cada escenario tendrá necesidades y desafíos de comunicación únicos, así que adapte sus planes en consecuencia.

Uno de los primeros pasos en el desarrollo de un plan de comunicación es determinar los roles y responsabilidades de cada miembro del grupo. Asigne tareas específicas a las personas en función de sus habilidades y capacidades. Por ejemplo, una persona podría ser responsable de monitorear las transmisiones de emergencia, otra de mantener el contacto con las autoridades o los servicios de emergencia y otra de coordinar con otros miembros del grupo. Las funciones claras evitan la confusión y garantizan que todos sepan lo que deben hacer en caso de emergencia.

A continuación, elija las herramientas de comunicación adecuadas. Las radios Baofeng son excelentes opciones debido a su versatilidad, alcance y asequibilidad. Asegúrese de que cada miembro del grupo tenga una radio que funcione correctamente y sepa cómo usarla. Además de las radios, considere otras herramientas como teléfonos celulares, teléfonos satelitales y espejos de señal para lograr redundancia. La redundancia es vital porque proporciona opciones de respaldo si falla un método.

Configure una frecuencia o canal primario y secundario designado para comunicaciones grupales. El canal principal debe usarse para controles de rutina y coordinación, mientras que el canal secundario sirve como respaldo en caso de que el canal principal quede inutilizable. Asegúrese de que todos los miembros del grupo estén familiarizados con estas frecuencias y comprendan cuándo y cómo cambiar entre ellas.

Cree un cronograma para controles de comunicación periódicos. Estos controles pueden realizarse cada hora, cada pocas horas o en momentos específicos del día, según la situación. Los controles periódicos garantizan que todos permanezcan conectados y puedan informar rápidamente cualquier cambio en su estado o en el entorno. Durante estos controles, los miembros del grupo deben informar su ubicación, condición y cualquier información relevante que hayan recopilado.

Además de los check-ins programados, establezca protocolos de comunicación de emergencia. Decida una señal de socorro específica o una palabra clave que los miembros del grupo puedan usar para indicar que necesitan ayuda inmediata. Podría ser una frase específica pronunciada por radio, una serie de transmisiones cortas y largas o una señal visual si las radios no son una opción. Asegúrese de que todos comprendan estos protocolos de emergencia y sepan cómo responder si escuchan una señal de socorro.

Proporcione plantillas y ejemplos para ayudar a los miembros de su grupo a crear sus planes de comunicación. Una plantilla básica podría incluir secciones para información de contacto, roles y responsabilidades, herramientas de comunicación, frecuencias primarias y secundarias, horarios de registro y protocolos de emergencia. Al completar esta plantilla, cada miembro podrá tener un plan personalizado que se ajuste a sus necesidades y circunstancias.

Por ejemplo, en un escenario familiar, el plan de comunicación podría incluir:

Información del contacto: Enumere los números de teléfono, distintivos de llamada de radio y direcciones de correo electrónico de cada miembro de la familia y contactos de emergencia.

Funciones y responsabilidades: Asigne roles como "Coordinador de emergencias", "Recolector de información" y "Proveedor de primeros auxilios" a miembros específicos de la familia.

Herramientas de comunicación: Detalle los tipos de radios y otras herramientas que utilizará cada miembro de la familia.

Frecuencias primarias y secundarias: Especifique los canales de radio para la comunicación de rutina y de respaldo.

Horario de check-in: Describa horarios específicos para los registros regulares.

Protocolos de emergencia: Describir las señales de socorro y los procedimientos para responder a emergencias.

La práctica es esencial para una implementación efectiva. Realice simulacros periódicos en los que los miembros del grupo simulen escenarios de emergencia y practiquen sus protocolos de comunicación. Estos simulacros ayudan a identificar cualquier debilidad en el plan y brindan oportunidades de mejora. Anime a los miembros del grupo a hacer preguntas y brindar comentarios para perfeccionar aún más el plan.

Además de los planes específicos para grupos, es beneficioso estar familiarizado con los sistemas locales de comunicación de emergencia. Muchas comunidades cuentan con sistemas de alerta de emergencia, frecuencias de seguridad pública y redes de radioaficionados que pueden proporcionar información valiosa durante una crisis. Aprenda cómo acceder a estos recursos e integrarlos en su plan de comunicación.

Los factores ambientales pueden afectar significativamente la comunicación, así que considérelos al desarrollar su plan. Por ejemplo, el terreno montañoso, los bosques densos o los entornos urbanos pueden afectar las señales de radio. Comprenda las limitaciones de sus herramientas de comunicación y planifique en consecuencia. En entornos desafiantes, es posible que necesite establecer puntos de retransmisión donde una persona pueda transmitir mensajes entre los miembros del grupo que están fuera del alcance de radio directo.

La duración de la batería es otra consideración crítica. Asegúrese de que todas las radios y dispositivos de comunicación estén completamente cargados y tengan baterías de respaldo o fuentes de energía alternativas disponibles. Los cargadores solares, los generadores manuales y los paquetes de baterías adicionales pueden salvar vidas en emergencias prolongadas. Enseñe a los miembros del grupo cómo conservar la vida útil de la batería usando sus dispositivos de manera eficiente y apagándolos cuando no estén en uso.

Desarrollar e implementar planes de comunicación para escenarios de supervivencia implica identificar posibles emergencias, asignar roles y responsabilidades, elegir herramientas de comunicación adecuadas, establecer canales primarios y secundarios, programar controles periódicos, establecer protocolos de emergencia y practicar el plan con regularidad. Proporcionar plantillas y ejemplos ayuda a los miembros del grupo a crear planes personalizados, mientras que comprender los factores ambientales y la gestión de la batería garantiza una comunicación confiable. Al invertir tiempo y esfuerzo en estos preparativos, mejora la capacidad de su grupo para mantenerse conectado, informado y seguro durante las emergencias.

Comunicarse en condiciones adversas y de baja visibilidad

Comunicarse en condiciones adversas y de poca visibilidad requiere una planificación cuidadosa y estrategias efectivas para garantizar que los mensajes se transmitan y reciban con claridad. Condiciones como niebla, lluvias intensas, tormentas de nieve, bosques densos y terrenos accidentados pueden afectar gravemente a la comunicación, por lo que es esencial utilizar las técnicas y herramientas adecuadas. Las radios Baofeng, con su versatilidad y características robustas, son excelentes para mantener la comunicación en estos entornos desafiantes. Esta guía le proporcionará estrategias que le ayudarán a mantenerse conectado y seguro.

En primer lugar, es vital comprender las limitaciones y fortalezas de sus herramientas de comunicación. Las radios Baofeng funcionan en frecuencias UHF y VHF, que tienen diferentes características de propagación. Las frecuencias VHF pueden viajar distancias más largas y penetrar obstáculos como el follaje mejor que las frecuencias UHF, lo que las hace adecuadas para bosques densos y terrenos montañosos. Las frecuencias UHF, por otro lado, son más adecuadas para entornos urbanos con muchos edificios y obstáculos. Saber cuándo utilizar cada banda de frecuencia puede mejorar significativamente la confiabilidad de la comunicación.

Cuando la visibilidad es baja, es fundamental tener un protocolo de comunicación claro y preestablecido. Esto incluye horarios de registro predefinidos, distintivos de llamada específicos para cada miembro y un conjunto de frases estándar para mensajes comunes. Estos protocolos minimizan la confusión y garantizan que, incluso si la visibilidad es escasa, todos comprendan el proceso de comunicación. Por ejemplo, utilizar un lenguaje sencillo y claro como "Estoy en el punto de control Alfa" o "Me mudo al punto de control Bravo" ayuda a reducir las posibilidades de falta de comunicación.

En condiciones climáticas adversas, proteger tu equipo es fundamental. El agua, el polvo y las temperaturas extremas pueden afectar el rendimiento de su radio. Utilice fundas impermeables o resistentes a la intemperie para sus radios Baofeng para protegerlas de la lluvia o la nieve. Además, considere usar un micrófono o auricular con protector contra el viento para reducir el ruido causado por el viento o la lluvia intensa. Mantener su equipo seco y protegido tanto como sea posible prolongará su vida útil y garantizará que funcione correctamente cuando sea necesario.

Mantener una señal fuerte es otro desafío en condiciones adversas y de baja visibilidad. La ubicación y orientación de la antena juegan un papel crucial en la intensidad de la señal. En terreno accidentado o bosques densos, elevar la antena por encima del dosel o a una mayor altura puede mejorar significativamente la recepción. Si se encuentra en un área abierta, extender la antena completamente y colocarla verticalmente ayudará a maximizar su alcance. En algunos casos, utilizar una antena más larga o más potente puede mejorar su capacidad para comunicarse a distancias mayores.

La duración de la batería puede ser una preocupación crítica en condiciones adversas. El clima frío, en particular, puede agotar las baterías más rápido de lo habitual. Para mitigar esto, guarde las baterías de repuesto en una bolsa cálida y aislada cerca del calor de su cuerpo. Si tiene acceso a un cargador solar o un generador de manivela, estos pueden ser invaluables para recargar baterías en el campo. Además, conserve la vida útil de la batería apagando la radio cuando no esté en uso o reduciendo la potencia de transmisión al nivel más bajo que aún permita una comunicación clara.

Utilizar las técnicas de comunicación adecuadas es igualmente importante. En entornos ruidosos o ventosos, puede resultar complicado oír y ser oído con claridad. Hable lenta y claramente, enunciando cada palabra, y use correctamente el botón PTT (Push-To-Talk) de la radio: presiónelo, espere un momento, luego hable y suéltelo solo después de terminar su mensaje. Esto garantiza que todo el mensaje se transmita sin ser cortado. En condiciones extremadamente ruidosas, considere utilizar señales no verbales, como gestos con las manos previamente acordados, en combinación con comunicación verbal para reforzar sus mensajes.

Las condiciones adversas también pueden afectar su capacidad física para utilizar la radio. Las temperaturas frías pueden adormecerle los dedos, lo que dificulta el funcionamiento de los controles. Practique el uso de su radio con guantes para asegurarse de que aún pueda manipular los botones e interruptores. Si es posible, elija radios con controles más grandes y fáciles de usar que sean más manejables cuando se usan guantes o en situaciones estresantes.

La conciencia medioambiental es otro aspecto crucial. Comprender cómo el terreno y el clima afectan las ondas de radio puede ayudarlo a elegir las mejores estrategias de comunicación. Por ejemplo, en zonas montañosas, es posible que las señales de radio no se transmitan bien a través de roca sólida, pero pueden reflejarse o difractarse alrededor de los obstáculos. Colocarse cerca de superficies reflectantes, como acantilados, a veces puede mejorar la recepción de la señal. En condiciones de niebla o humedad, la humedad del aire puede atenuar las señales de radio, por lo que mantener una comunicación concisa y directa puede ayudar a preservar la claridad.

Los métodos de comunicación de respaldo también deberían ser parte de su estrategia. Si su comunicación por radio principal falla, tener métodos secundarios como espejos de señal, silbatos o bengalas puede salvarle la vida. Estas herramientas son especialmente útiles en condiciones de baja visibilidad donde las señales visuales o auditivas pueden ser más efectivas que la comunicación por radio.

En situaciones en las que debe moverse por terreno accidentado, es vital asegurarse de que la radio esté bien sujeta a su cuerpo. El uso de un soporte para el pecho o un clip para cinturón resistente puede evitar que la radio se dañe o se pierda. También mantiene la radio accesible en todo momento, lo que permite una comunicación rápida y sencilla sin tener que buscar entre su equipo.

La coordinación eficaz del equipo es fundamental en condiciones adversas. Establecer un sistema de compañeros garantiza que nadie se quede sin apoyo si la comunicación se vuelve difícil. Emparejar a los miembros del equipo para que puedan ayudarse mutuamente a mantener la comunicación ayuda a garantizar que todos se mantengan informados y puedan reaccionar con prontitud ante los cambios en el entorno o la situación.

La capacitación y los simulacros regulares son esenciales para mantener la competencia en la comunicación en condiciones difíciles. Practicar en diversas condiciones climáticas y terrenos ayuda a familiarizar a los miembros del equipo con las dificultades que podrían enfrentar y les permite desarrollar estrategias efectivas para superar estos desafíos. Estos simulacros deben incluir escenarios donde la visibilidad esté severamente limitada, como operaciones nocturnas o niebla intensa, para garantizar que todos puedan comunicarse de manera efectiva en cualquier situación.

Mantener la comunicación en condiciones adversas y de baja visibilidad implica una combinación de uso adecuado del equipo, posicionamiento estratégico, técnicas de comunicación efectivas y una preparación exhaustiva. Al comprender las limitaciones y fortalezas de sus radios Baofeng, proteger su equipo, optimizar la intensidad de la señal, conservar la vida útil de la batería y utilizar protocolos de comunicación claros, puede garantizar una comunicación confiable incluso en los entornos más desafiantes. La capacitación regular y contar con métodos de comunicación de respaldo mejoran aún más su preparación, ayudándolo a mantenerse conectado y seguro en cualquier escenario de supervivencia.

Integración de radios Baofeng en kits de emergencia y bolsas de emergencia

La integración de radios Baofeng en kits de emergencia y bolsas de emergencia es un paso esencial para garantizar una comunicación eficaz durante las emergencias. Las radios Baofeng son versátiles, portátiles y confiables, lo que las hace ideales para incluirlas en planes de preparación. Saber cómo incorporar adecuadamente estas radios en su equipo de emergencia puede mejorar su capacidad para mantenerse conectado, informado y seguro durante situaciones críticas.

En primer lugar, es fundamental comprender el papel de las radios Baofeng en la preparación para emergencias. Estas radios funcionan en frecuencias UHF y VHF, lo que proporciona una amplia gama de opciones de comunicación. Se pueden utilizar para mantenerse en contacto con miembros de la familia, coordinar con equipos de rescate o recibir actualizaciones importantes de transmisiones de emergencia. Su tamaño compacto y sus características robustas los hacen adecuados para su inclusión tanto en kits de emergencia para el hogar como en bolsas portátiles para emergencias.

Al preparar sus kits de emergencia y bolsas de emergencia, considere las necesidades y escenarios específicos que podría enfrentar. La configuración de su radio Baofeng debe adaptarse a estos requisitos. Comience seleccionando el modelo correcto de radio Baofeng. El Baofeng UV-5R, por ejemplo, es una opción popular debido a su asequibilidad, facilidad de uso y amplio conjunto de funciones. Ofrece capacidades de doble banda, lo que le permite cambiar entre frecuencias UHF y VHF según sea necesario.

A continuación, piense en las fuentes de energía para su radio Baofeng. Tener energía confiable es crucial en una emergencia. Incluye varias baterías completamente cargadas en tu kit, así como un cargador portátil o un cargador solar para recargarlas. Los cargadores solares son particularmente útiles ya que proporcionan una fuente de energía renovable que se puede utilizar incluso cuando no hay electricidad convencional disponible. Si opta por baterías recargables, asegúrese de tener una forma de recargarlas en el campo.

Las antenas desempeñan un papel importante en el rendimiento de su radio Baofeng. Si bien la antena estándar que viene con la radio es suficiente para la mayoría de situaciones, considere incluir una antena de alta ganancia en su kit para mejorar la recepción de la señal y el rango de transmisión. Una antena de látigo flexible puede ser una valiosa adición, ya que se puede empaquetar fácilmente y ofrece un rendimiento mejorado en entornos desafiantes.

La incorporación de accesorios como auriculares y micrófonos puede mejorar la usabilidad de su radio Baofeng en situaciones de emergencia. Los auriculares permiten el funcionamiento con manos libres, lo que resulta especialmente útil cuando necesita mantener las manos libres para otras tareas. Los micrófonos con funciones de cancelación de ruido pueden mejorar la claridad de la comunicación en entornos ruidosos. Incluya un conjunto de estos accesorios en su kit de emergencia para asegurarse de estar preparado para diversos escenarios.

Mantener su radio Baofeng y sus accesorios en buenas condiciones de funcionamiento es esencial para su confiabilidad durante una emergencia. Guárdelos en una funda protectora para evitar daños por impactos, humedad y polvo. Verifique periódicamente el estado de las baterías y reemplácelas según sea necesario. Pruebe la radio periódicamente para asegurarse de que esté funcionando correctamente y de que esté familiarizado con su funcionamiento.

Un kit de emergencia bien organizado debe incluir una lista de verificación de elementos esenciales para garantizar que no se pase nada por alto. Para el aspecto de comunicación de su kit, su lista de verificación debe incluir la propia radio Baofeng, baterías de repuesto, un cargador portátil o solar, una antena adicional, auriculares, un micrófono y un estuche protector. Esta lista de verificación le ayuda a realizar un seguimiento de su equipo y garantiza que tenga todo lo que necesita cuando lo necesite.

Además, considere la importancia de la documentación y los materiales de referencia. Incluya una copia impresa del manual de usuario de la radio en su kit, junto con una tabla de frecuencias laminada que enumera las frecuencias locales importantes para los servicios de emergencia, actualizaciones meteorológicas y otros canales críticos. Tener esta información disponible puede ahorrar un tiempo valioso durante una emergencia y garantizar que pueda acceder rápidamente a los canales de comunicación necesarios.

Integrar las radios Baofeng en los planes de preparación para emergencias de su familia implica algo más que empacar el equipo. Asegúrese de que todos los miembros de la familia sepan cómo operar las radios y comprendan los protocolos de comunicación que ha establecido. Practicar regularmente con las radios puede ayudar a todos a dominar su uso, reduciendo la confusión y el pánico durante una emergencia real.

Su plan de comunicación de emergencia también debe incluir protocolos de comunicación predefinidos. Establezca canales específicos para diferentes tipos de comunicación, como un canal para registros familiares y otro para actualizaciones de emergencia. Preprograme estos canales en su radio Baofeng para un acceso rápido y fácil. Practicar estos protocolos con su familia ayuda a garantizar que todos sepan qué hacer y cómo comunicarse de manera efectiva durante una emergencia.

Además de la radio y sus accesorios, considere incluir otros artículos relacionados con las comunicaciones en su kit de emergencia. Los espejos de señales, silbatos y bengalas pueden ser invaluables para la señalización visual o auditiva cuando la comunicación por radio no es posible. Estos elementos proporcionan capas adicionales de capacidad de comunicación, lo que garantiza que tenga múltiples formas de solicitar ayuda o coordinarse con otras personas.

Incorporar radios Baofeng en sus kits de preparación para emergencias y bolsas de emergencia también significa considerar el contexto más amplio de su plan de emergencia general. Asegúrese de que su kit incluya otros artículos esenciales, como suministros de primeros auxilios, alimentos, agua, refugio y herramientas. La radio Baofeng es un componente crítico de un plan de emergencia integral, pero debe complementarse con otros equipos de supervivencia necesarios.

Considere la portabilidad y accesibilidad de su kit de emergencia. Las bolsas de viaje deben ser livianas y fáciles de transportar, lo que le permitirá moverse rápidamente si es necesario. Empaque su radio Baofeng y sus accesorios de manera que sean fácilmente accesibles sin tener que desempacar toda la bolsa. Esto garantiza que pueda establecer comunicación rápidamente en situaciones urgentes.

La integración de radios Baofeng en sus kits de preparación para emergencias y bolsas de emergencia es un paso vital para mejorar su capacidad de comunicación durante emergencias. Al seleccionar cuidadosamente el modelo correcto, garantizar fuentes de energía confiables, incluidos los accesorios esenciales, y mantener el equipo en buenas condiciones, puede crear una configuración de comunicación sólida. La práctica regular, los protocolos de comunicación predefinidos y una lista de verificación completa garantizan que esté preparado para cualquier situación. Si sigue estos pasos, podrá confiar en que su radio Baofeng se mantendrá conectado, informado y seguro durante las emergencias.

CAPÍTULO 7

Consideraciones legales y regulatorias

Comprensión de las regulaciones de la FCC para operadores de radio Baofeng

Comprender las regulaciones de la FCC para los operadores de radio Baofeng es esencial para garantizar el uso legal y responsable de estas poderosas herramientas de comunicación. La Comisión Federal de Comunicaciones (FCC) rige el uso de radiofrecuencias en los Estados Unidos, estableciendo reglas y pautas que los operadores de radio deben seguir para evitar interferencias y mantener un uso ordenado de las ondas de radio. Estas regulaciones se aplican a todo tipo de radios, incluidos los populares modelos Baofeng, que suelen utilizar los entusiastas de la radioafición, los supervivientes y los defensores de la preparación para emergencias.

La FCC ha designado bandas de frecuencia específicas para diferentes tipos de comunicación. Para los radioaficionados, estas bandas se describen en las reglas de la Parte 97 de la FCC. Las radios Baofeng, como la UV-5R, pueden funcionar tanto en las bandas VHF (muy alta frecuencia) como en UHF (ultra alta frecuencia), que se encuentran dentro de estas regulaciones. La banda VHF incluye frecuencias de 144 a 148 MHz y la banda UHF incluye frecuencias de 420 a 450 MHz. Estas bandas se utilizan comúnmente para comunicaciones de radioaficionados y son accesibles para operadores autorizados.

Para operar legalmente en estas bandas de aficionados, las personas deben obtener una licencia de radioaficionado de la FCC. El proceso de obtención de la licencia implica aprobar un examen que evalúa el conocimiento de la teoría, las regulaciones y las prácticas operativas de la radio. Hay tres niveles de licencias de radioaficionados: Técnico, General y Aficionado Extra. Cada nivel otorga acceso a diferentes bandas de frecuencia y privilegios operativos. La licencia de Técnico es la licencia de nivel de entrada y es la más común entre los usuarios de radio Baofeng. Permite a los operadores utilizar todas las bandas de aficionados VHF y UHF, lo que lo hace ideal para comunicaciones locales y regionales.

Además de las bandas de aficionados, las radios Baofeng también pueden recibir frecuencias fuera del espectro de aficionados, como las bandas comerciales, de seguridad pública y marinas. Sin embargo, transmitir en estas frecuencias sin la autorización adecuada es ilegal. La FCC regula estrictamente el uso de frecuencias no amateur para evitar interferencias con servicios críticos como la policía, los bomberos y las comunicaciones médicas de emergencia. Las transmisiones no autorizadas en estas frecuencias pueden conllevar importantes multas y consecuencias legales.

Comprender y respetar los límites de potencia es otro aspecto crítico de las regulaciones de la FCC. La potencia máxima permitida para la mayoría de las operaciones de aficionados VHF y UHF es de 1500 vatios PEP (potencia máxima de envolvente). Sin embargo, las radios Baofeng suelen tener potencias de salida mucho más bajas, que a menudo oscilan entre 1 y 8 vatios. Si bien esto está dentro del límite legal, los operadores siempre deben usar la energía mínima necesaria para mantener una comunicación efectiva. Esta práctica, conocida como "correr descalzo", ayuda a reducir las interferencias y se considera una buena etiqueta operativa dentro de la comunidad de radioaficionados.

Se requiere una identificación adecuada cuando se transmite en frecuencias de aficionados. La FCC exige que los operadores se identifiquen utilizando su distintivo de llamada asignado al principio y al final de cada comunicación, así como cada diez minutos durante una transmisión. Esta práctica de identificación ayuda a mantener la transparencia y la responsabilidad en las ondas. No identificarse adecuadamente puede resultar en sanciones y pérdida de privilegios operativos.

Las radios Baofeng están equipadas con funciones que permiten la programación y personalización de frecuencias y canales. Si bien esta flexibilidad es ventajosa, también requiere una programación cuidadosa para garantizar el cumplimiento de las regulaciones de la FCC. Los operadores deben evitar programar frecuencias que queden fuera de sus bandas autorizadas o que estén reservadas para otros servicios. Muchos modelos de Baofeng vienen con canales preprogramados que incluyen frecuencias que no son de aficionados; estos deben reprogramarse o eliminarse para evitar transmisiones accidentales en bandas no autorizadas.

CTCSS (Sistema de silenciamiento codificado por tonos continuos) y DCS (Silenciamiento codificado digital) son funciones de privacidad disponibles en las radios Baofeng. Estas características permiten a los usuarios filtrar las transmisiones entrantes al requerir un tono o código específico para abrir el silenciador. Si bien CTCSS y DCS brindan un nivel de privacidad, no cifran la comunicación y otras personas aún pueden escuchar las transmisiones en la misma frecuencia. Es importante tener en cuenta que la FCC prohíbe el uso de cifrado en frecuencias de aficionados, ya que la radioafición pretende ser un servicio abierto y accesible.

Al utilizar radios Baofeng para eventos públicos, servicios comunitarios o respuesta de emergencia, los operadores deben conocer las reglas de la FCC con respecto a la coordinación de frecuencias. La coordinación de frecuencias implica trabajar con clubes y coordinadores de radioaficionados locales para garantizar que varios usuarios no interfieran entre sí. Esta coordinación es especialmente importante durante eventos o emergencias a gran escala donde la comunicación clara y confiable es fundamental.

La FCC también proporciona pautas para informar interferencias y resolver disputas. Si un operador experimenta interferencia de otro usuario de radio, el primer paso es intentar resolver el problema de manera amigable a través de la comunicación. Si el problema persiste, los operadores pueden presentar una queja ante la FCC, que investigará y tomará las medidas adecuadas. Mantener buenas relaciones con otros usuarios de radio y practicar hábitos operativos corteses puede ayudar a minimizar los conflictos y garantizar una experiencia positiva para todos en las ondas.

Comprender las regulaciones de la FCC para los operadores de radio Baofeng es vital para un uso legal y responsable. Obtener la licencia de radioaficionado adecuada, cumplir con las bandas de frecuencia autorizadas y los límites de potencia y seguir las prácticas de identificación adecuadas son componentes clave del cumplimiento. Además, una programación cuidadosa, hábitos operativos respetuosos y la coordinación con otros usuarios contribuyen a una experiencia de radio agradable y bien regulada. Al mantenerse informados y seguir estas pautas, los operadores de radio de Baofeng pueden comunicarse de manera efectiva y al mismo tiempo cumplir con los estándares establecidos por la FCC.

Requisitos y procedimientos de licencia

Obtener las licencias necesarias para operar una radio Baofeng en los Estados Unidos implica comprender los requisitos de licencia establecidos por la Comisión Federal de Comunicaciones (FCC). Este proceso garantiza que los operadores conozcan las prácticas y regulaciones de las comunicaciones por radio, lo que ayuda a mantener el uso ordenado de las ondas y evitar interferencias con otros servicios de comunicación.

El primer paso para obtener una licencia es determinar qué tipo de licencia de radioaficionado es adecuada para sus necesidades. Hay tres niveles de licencias de radioaficionados en los Estados Unidos: Técnico, General y Amateur Extra. Cada nivel otorga diferentes privilegios operativos y acceso a varias bandas de frecuencia.

La licencia de Técnico es la licencia de nivel de entrada y es la más común entre los nuevos radioaficionados. Otorga acceso a todas las bandas de aficionados VHF y UHF, lo que lo hace adecuado para la comunicación local y regional. Esta licencia es ideal para los usuarios de radios Baofeng, ya que estas radios suelen funcionar dentro de estos rangos de frecuencia. La licencia General proporciona privilegios adicionales, incluido el acceso a más bandas HF (alta frecuencia), que son útiles para comunicaciones de larga distancia. La licencia Amateur Extra es el nivel más alto y ofrece acceso completo a todas las bandas de aficionados y máximos privilegios operativos.

Para obtener una licencia de Técnico, debe aprobar un examen de opción múltiple que cubre la teoría básica de la radio, las prácticas operativas y las regulaciones de la FCC. El examen consta de 35 preguntas y debes responder correctamente al menos 26 para aprobar. Los materiales de estudio están ampliamente disponibles en línea e impresos, incluidos exámenes de práctica, guías de estudio y videos instructivos.

Una vez que se sienta preparado para realizar el examen, deberá buscar una sesión de examen local. Estas sesiones suelen estar a cargo de examinadores voluntarios (VE) certificados por la FCC. Puede encontrar las próximas sesiones de exámenes a través del sitio web de la American Radio Relay League (ARRL) o de los clubes de radioaficionados locales. Muchas sesiones de exámenes ahora se ofrecen en línea, lo que brinda flexibilidad a los candidatos que tal vez no tengan fácil acceso a las sesiones en persona.

El día del examen, traiga una identificación con fotografía emitida por el gobierno, como una licencia de conducir o un pasaporte, para verificar su identidad. También deberá traer las tarifas necesarias, que normalmente oscilan entre $ 10 y $ 15, aunque algunas sesiones de examen pueden ser gratuitas. Además, si va a volver a realizar una prueba o actualizar su licencia, traiga una copia de su licencia actual o cualquier documentación relevante.

El proceso del examen es sencillo. Después de registrarse y verificar su identidad, se le entregará un folleto de prueba escrito y una hoja de respuestas. Lea atentamente cada pregunta y elija la mejor respuesta entre las opciones proporcionadas. Tómese su tiempo y revise sus respuestas antes de enviar su examen. Los examinadores voluntarios están disponibles para responder cualquier pregunta sobre el proceso, pero no pueden ayudar a responder las preguntas del examen.

Después de completar el examen, los examinadores voluntarios calificarán su examen en el acto. Si aprueba, recibirá un Certificado de finalización exitosa del examen (CSCE), que sirve como prueba de que ha aprobado el examen. Este certificado es válido por 365 días y le permite operar en las frecuencias autorizadas por su nivel de licencia mientras espera que la FCC procese su licencia oficial.

La FCC normalmente procesa nuevas licencias en unas pocas semanas. Puede verificar el estado de su solicitud en línea a través de la base de datos del Sistema de Licencia Universal (ULS) de la FCC. Una vez emitida su licencia, se le asignará un distintivo de llamada único, que utilizará para identificarse durante las comunicaciones por radio.

Para aquellos interesados en obtener una licencia General o Amateur Extra, el proceso es similar pero requiere aprobar exámenes adicionales. El examen de licencia General consta de 35 preguntas, mientras que el examen Amateur Extra tiene 50 preguntas. También se encuentran ampliamente disponibles materiales de estudio y exámenes de práctica para estos niveles.

Además de los exámenes escritos, los operadores deben cumplir con ciertas prácticas operativas y pautas éticas establecidas por la FCC. Estos incluyen identificarse con su indicativo de llamada al principio y al final de cada transmisión, así como cada 10 minutos durante comunicaciones extendidas. La identificación adecuada garantiza la transparencia y la rendición de cuentas en las ondas.

También es importante comprender los límites de potencia y las restricciones de frecuencia asociados con su nivel de licencia. Por ejemplo, los titulares de licencias Technician pueden utilizar hasta 1500 vatios PEP (potencia máxima de envolvente) en las bandas VHF y UHF, pero siempre deben utilizar la potencia mínima necesaria para mantener una comunicación eficaz. Esta práctica ayuda a reducir las interferencias y se considera una buena etiqueta operativa.

Participar en la comunidad de radioaficionados puede ser una parte valiosa del proceso de concesión de licencias. Unirse a un club de radioaficionados local brinda oportunidades para aprender de operadores experimentados, participar en eventos y concursos y contribuir a proyectos de servicio comunitario. Muchos clubes ofrecen programas de tutoría para nuevos operadores, ayudándolos a navegar el proceso de obtención de licencia y desarrollar sus habilidades.

Obtener una licencia para operar una radio Baofeng implica elegir el nivel de licencia apropiado, estudiar y aprobar el examen requerido y cumplir con las regulaciones y prácticas operativas de la FCC. La licencia de Técnico es el punto de entrada más común y brinda acceso a las bandas VHF y UHF. La preparación para el examen implica el uso de materiales de estudio y pruebas de práctica, seguido de asistir a una sesión de examen realizada por examinadores voluntarios. Los candidatos seleccionados reciben una CSCE y pueden operar en frecuencias autorizadas mientras esperan su licencia oficial. Unirse a la comunidad de radioaficionados mejora la experiencia, brindando apoyo y oportunidades de aprendizaje y crecimiento. Siguiendo estos pasos, los aspirantes a operadores de radio de Baofeng pueden garantizar el uso legal y responsable de sus radios, contribuyendo a una comunidad de radioaficionados vibrante y bien regulada.

Garantizar el cumplimiento y el uso responsable de la radio

Garantizar el cumplimiento de las regulaciones y el uso responsable de las radios Baofeng es crucial para mantener el orden en las ondas y evitar interferencias con otros servicios de comunicación. El uso responsable de la radio no sólo garantiza que se opera dentro de los límites legales, sino que también promueve prácticas éticas que benefician a toda la comunidad radiofónica.

En primer lugar, es esencial comprender y cumplir las regulaciones de la Comisión Federal de Comunicaciones (FCC). La FCC establece las reglas para las comunicaciones por radio en los Estados Unidos, incluido el uso de radios Baofeng. Estas regulaciones están diseñadas para gestionar el espectro de radiofrecuencia y garantizar que todos los usuarios puedan operar sus equipos sin causar interferencias a otros. Las regulaciones clave incluyen el requisito de utilizar únicamente bandas de frecuencia autorizadas y evitar transmitir en frecuencias reservadas para otros servicios, como los de aviación, marítimos y de emergencia.

Una de las principales responsabilidades de un operador de radio es garantizar una identificación adecuada. Cada vez que transmitas deberás identificarte utilizando tu indicativo de llamada asignado. Esta práctica no es sólo un requisito legal sino también una cortesía hacia otros operadores. La identificación adecuada ayuda a crear transparencia y responsabilidad en las ondas. Deberá identificarse al inicio y al final de cada transmisión, así como al menos una vez cada diez minutos durante las comunicaciones en curso.

También es importante mantener un estilo de comunicación claro y conciso. Evite el uso de jergas o jergas que puedan resultar confusas para otros operadores. Hable con claridad y a un ritmo moderado para asegurarse de que se entienda su mensaje. Esta práctica es especialmente importante en situaciones de emergencia donde una comunicación clara puede marcar una diferencia significativa.

Otro aspecto clave del uso responsable de la radio es la gestión de la potencia de transmisión. Las radios Baofeng, como todas las radioaficionados, tienen límites de potencia establecidos por la FCC. Por ejemplo, los titulares de una licencia de clase Técnico pueden utilizar hasta 1500 vatios PEP (potencia máxima de envolvente) en las bandas VHF y UHF. Sin embargo, siempre se recomienda utilizar la potencia mínima necesaria para mantener una comunicación efectiva. El uso excesivo de energía puede causar interferencias con otros usuarios y se considera una mala práctica operativa. Al utilizar la potencia efectiva más baja, ayuda a reducir el potencial de interferencias y garantiza que el espectro de frecuencias se utilice de manera eficiente.

La disciplina de frecuencia también es crucial. Asegúrese siempre de estar operando en una frecuencia permitida para su clase de licencia. Evite transmitir en frecuencias asignadas para otros servicios, como seguridad pública, servicios militares y comerciales. El uso no autorizado de estas frecuencias puede resultar en sanciones severas, incluyendo multas y la pérdida de su licencia. Además, algunas frecuencias están designadas para propósitos específicos, como frecuencias de llamadas y canales de emergencia. Utilice estas frecuencias sólo para el propósito previsto y pase a otra frecuencia una vez que se haya establecido el contacto.

Monitorear la frecuencia antes de transmitir es otra práctica importante. Antes de comenzar a transmitir, escuche la frecuencia para asegurarse de que no esté en uso. Esta práctica, conocida como "escuchar antes de hablar", ayuda a evitar interrumpir las comunicaciones en curso y reduce la probabilidad de causar interferencias. Si la frecuencia está ocupada, espere una pausa en la conversación antes de realizar su transmisión.

Las prácticas éticas en las comunicaciones por radio también incluyen ser respetuoso y cortés con otros operadores. Evite involucrarse en discusiones o disputas al aire. Si surge un desacuerdo, lo mejor es resolverlo fuera del aire o buscar ayuda de un operador con más experiencia o de un club de radio. Recuerde que la radioafición es un pasatiempo que reúne a personas de todos los ámbitos de la vida, y mantener una conducta respetuosa y amigable contribuye a una experiencia positiva para todos los involucrados.

El mantenimiento regular del equipo es otro aspecto del uso responsable de la radio. Asegurarse de que su radio Baofeng y el equipo asociado estén en buenas condiciones de funcionamiento ayuda a prevenir problemas técnicos que podrían causar interferencias o interrumpir la comunicación. Revise periódicamente su antena, conexiones de alimentación y micrófono para asegurarse de que funcionen correctamente. Si tiene problemas técnicos, solucionelos de inmediato y busque ayuda si es necesario.

Participar en la comunidad de radioaficionados también es una forma valiosa de mantenerse informado sobre las mejores prácticas y actualizaciones regulatorias. Unirse a un club de radioaficionados local brinda oportunidades para aprender de operadores más experimentados, participar en sesiones de capacitación y mantenerse actualizado sobre los cambios en las regulaciones. Los clubes suelen organizar eventos, como días de campo y concursos, que pueden ayudarle a desarrollar sus habilidades y conocimientos. Además, muchos clubes ofrecen programas de tutoría para nuevos operadores, brindándoles orientación y apoyo mientras navega por las complejidades de la radioafición.

En caso de una emergencia o un desastre natural, el uso responsable de la radio se vuelve aún más crítico. Las radios Baofeng pueden desempeñar un papel vital en las comunicaciones de emergencia, proporcionando un medio de comunicación confiable cuando otros sistemas no están disponibles. Asegúrese de estar familiarizado con los protocolos y procedimientos de comunicación de emergencia. Participe en simulacros y ejercicios de comunicación de emergencia para practicar estas habilidades. Durante una emergencia real, priorice las comunicaciones de emergencia y evite utilizar frecuencias designadas para uso de emergencia para comunicaciones no esenciales.

También es importante conocer las regulaciones internacionales si planea operar su radio Baofeng mientras viaja fuera de los Estados Unidos. Cada país tiene su propio conjunto de regulaciones y requisitos de licencia para operadores de radioaficionados. Investigue las regulaciones del país que planea visitar y obtenga los permisos o licencias necesarios antes de operar su radio. Esta práctica ayuda a garantizar el cumplimiento de las leyes locales y promueve la buena voluntad entre los operadores de radioaficionados de todo el mundo.

Garantizar el cumplimiento de las regulaciones y practicar el uso responsable de la radio implica comprender y cumplir las regulaciones de la FCC, mantener una identificación adecuada, usar niveles de potencia apropiados, practicar la disciplina de frecuencia y ser respetuoso y cortés con otros operadores. El mantenimiento regular de los equipos y la participación en la comunidad de radioaficionados también contribuyen al uso responsable. Si sigue estas pautas, podrá operar su radio Baofeng de manera legal y ética, contribuyendo a un entorno de radioaficionado positivo y bien regulado.

CAPÍTULO 8

Solución de problemas y mantenimiento

Problemas comunes y soluciones

Usar una radio Baofeng puede ser una habilidad inmensamente útil, especialmente en situaciones de emergencia o cuando estás explorando la naturaleza. Sin embargo, como cualquier pieza de tecnología, las radios Baofeng a veces pueden tener problemas. Comprender los problemas comunes y saber cómo solucionarlos puede garantizar que su radio siga funcionando cuando más la necesita.

Uno de los problemas más comunes que enfrentan los usuarios de radio Baofeng es la mala calidad de transmisión o recepción. Este problema a menudo surge de una antena mal conectada o dañada. Para solucionar problemas, primero verifique que la antena esté bien sujeta a la radio. Si parece estar flojo, apriételo con cuidado. A continuación, inspeccione la antena en busca de signos visibles de daño, como grietas o dobleces, que podrían afectar su rendimiento. Reemplazar una antena dañada por una nueva a menudo puede resolver problemas de transmisión. Además, asegúrese de utilizar la antena correcta para el rango de frecuencia en el que está operando, ya que utilizar una antena incorrecta puede degradar significativamente el rendimiento.

Otro problema frecuente es que la radio no enciende. Por lo general, este problema se debe a la batería. Comience verificando si la batería está correctamente colocada en la radio. Si está flojo o no hace contacto adecuado, retírelo y vuelva a insertarlo. Si la radio aún no se enciende, intente cargar la batería. Un error común es suponer que la batería está completamente cargada cuando, en realidad, está agotada. Conecte la batería al cargador y deje que se cargue por completo. Si la radio sigue sin responder después de la carga, es posible que la batería esté defectuosa y necesite ser reemplazada.

La interferencia de otros dispositivos electrónicos o factores ambientales también pueden causar problemas con su radio Baofeng. Si nota estática, ruido o dificultad para recibir señales claras, considere la ubicación y los alrededores donde está utilizando la radio. Los dispositivos electrónicos, como computadoras y otras radios, pueden emitir señales que interfieran con su Baofeng. Mudarse a una ubicación diferente, lejos de posibles fuentes de interferencia, a menudo puede solucionar el problema. Además, estar en una zona con muchas estructuras metálicas o vegetación densa también puede afectar la calidad de la señal. En tales casos, intente buscar un espacio más abierto o un terreno más alto para mejorar la recepción.

También pueden surgir problemas de programación, especialmente para los usuarios que son nuevos en el uso de radios Baofeng. Si descubre que no puede transmitir o recibir en ciertas frecuencias, el problema puede estar en la programación de los canales. Vuelva a verificar las frecuencias y configuraciones que ingresó en la radio. Asegúrese de que las frecuencias estén dentro del rango permitido para su licencia y de que se apliquen las configuraciones de compensación y tono correctas. Si no está seguro acerca de la programación, consulte el manual de la radio o utilice herramientas de software diseñadas para radios Baofeng para simplificar el proceso. La programación de software puede reducir la probabilidad de errores y facilitar la gestión de múltiples frecuencias y configuraciones.

Un altavoz o un micrófono que no funcionan correctamente también pueden causar problemas. Si no puede escuchar las transmisiones u otras personas no pueden escucharlo cuando transmite, comience verificando el nivel de volumen. Es posible que simplemente esté demasiado bajo. A continuación, inspeccione el altavoz y el micrófono en busca de obstrucciones o daños. El polvo y los residuos pueden acumularse en estas áreas y afectar el rendimiento. Limpie suavemente las aberturas del altavoz y del micrófono con un cepillo suave o aire comprimido. Si el problema persiste, intente utilizar un altavoz o micrófono externo para determinar si el problema radica en los componentes internos. Si los accesorios externos funcionan correctamente, puede indicar la necesidad de una reparación profesional del altavoz o micrófono interno.

La duración de la batería puede ser otro motivo de preocupación. Si notas que la batería de tu radio se agota rápidamente, podría deberse a varios factores. Los ajustes de alta potencia, las transmisiones frecuentes y dejar la radio en modo de espera durante períodos prolongados pueden contribuir a que la batería se agote más rápidamente. Para prolongar la vida útil de la batería, considere utilizar la configuración de energía más baja necesaria para la comunicación, reducir la duración y frecuencia de las transmisiones y apagar la radio cuando no esté en uso. Además, hacer ciclos regulares de la batería cargándola completamente y luego descargándola completamente puede ayudar a mantener su capacidad. Si la batería continúa agotándose rápidamente a pesar de estas medidas, puede que sea el momento de reemplazarla por una nueva.

Un problema más común es la activación accidental de funciones específicas que pueden interrumpir el funcionamiento normal. Por ejemplo, la función de bloqueo del teclado puede estar habilitada, lo que le impide cambiar la configuración o ingresar frecuencias. Verifique la pantalla de la radio para ver si hay íconos que indiquen que el bloqueo del teclado u otras funciones, como el modo VOX (transmisión activada por voz), están activos. Si es así, consulte el manual del usuario para desactivar estas funciones.

Los problemas de firmware, aunque menos comunes, a veces pueden provocar un comportamiento errático en las radios Baofeng. El firmware es el software interno que controla las funciones de la radio. Si experimenta problemas inexplicables, considere actualizar el firmware a la última versión proporcionada por el fabricante. Las actualizaciones de firmware pueden corregir errores y mejorar el rendimiento general de la radio. Asegúrese de seguir cuidadosamente las instrucciones del fabricante al realizar una actualización de firmware para evitar dañar la radio.

Si bien las radios Baofeng son herramientas sólidas y confiables, no son inmunes a los problemas. Comprender los problemas comunes y saber cómo solucionarlos puede ahorrarle tiempo y frustración. Comience siempre con lo básico: verifique la antena, la batería y la configuración de programación. Considere los factores ambientales y las posibles fuentes de interferencia. Mantenga su radio regularmente manteniéndola limpia y actualizando el firmware según sea necesario. Si sigue estas pautas, podrá asegurarse de que su radio Baofeng siga siendo una herramienta de comunicación confiable, lista para usar cuando la necesite.

Realización de comprobaciones de mantenimiento de rutina

Realizar un mantenimiento de rutina en su radio Baofeng es esencial para garantizar su longevidad y rendimiento óptimo. Las revisiones y el mantenimiento periódicos ayudan a identificar problemas potenciales antes de que se conviertan en problemas importantes, lo que le permite confiar en su radio cuando más lo necesita. Aquí, proporcionamos una guía completa para realizar el mantenimiento de rutina en las radios Baofeng, incluida una lista de verificación de tareas de mantenimiento e intervalos recomendados.

En primer lugar, la limpieza de su radio Baofeng debe ser una parte regular de su rutina de mantenimiento. El polvo, la suciedad y la mugre pueden acumularse en la superficie de la radio y en sus botones y conectores, lo que podría provocar fallos de funcionamiento. Utilice un paño suave y seco para limpiar el exterior de la radio. Para suciedad más rebelde, humedezca ligeramente el paño con agua, pero evite utilizar productos químicos o disolventes agresivos que puedan dañar los componentes de plástico y goma. Preste especial atención a las áreas del altavoz, el micrófono y el teclado, asegurándose de que estén libres de residuos que puedan obstruir su funcionamiento.

Inspeccionar la antena es otra tarea de mantenimiento crítica. La antena es vital para una transmisión y recepción efectivas, y cualquier daño puede afectar significativamente el rendimiento de la radio. Revise la antena para detectar signos visibles de desgaste, como grietas, dobleces o deshilachados. Asegúrese de que esté bien conectado a la radio, ya que una antena suelta puede causar una mala calidad de la señal. Si nota algún daño o si la antena no encaja correctamente, reemplácela por una nueva para mantener un rendimiento óptimo.

La batería es el elemento vital de su radio Baofeng, por lo que mantenerla en buenas condiciones es fundamental. Comience inspeccionando periódicamente la batería para detectar signos de hinchazón, fugas o corrosión. Estos problemas pueden indicar que la batería está fallando y es necesario reemplazarla. Para prolongar la vida útil de la batería, siga una rutina de carga que evite la sobrecarga. Las baterías modernas, incluidas las de las radios Baofeng, están diseñadas para cargarse periódicamente sin esperar a que se agoten por completo. Sin embargo, un ciclo ocasional de descarga y recarga completa puede ayudar a mantener la salud de la batería. Si su radio no se utilizará durante un período prolongado, retire la batería y guárdela en un lugar fresco y seco para evitar su degradación.

Revisar y limpiar los conectores es otra tarea de mantenimiento importante. Los conectores, incluidos los de la antena, la batería y cualquier accesorio, pueden acumular suciedad y corrosión con el tiempo, afectando el rendimiento de la radio. Utilice un cepillo suave o una lata de aire comprimido para limpiar estos conectores suavemente. Tenga cuidado de no dañar las delicadas clavijas y contactos. Para una corrosión más persistente, se puede usar una pequeña cantidad de alcohol isopropílico en un hisopo de algodón para limpiar los contactos, pero asegúrese de que los conectores estén completamente secos antes de volver a ensamblar la radio.

Los ajustes de programación y frecuencia también deben revisarse periódicamente. Con el tiempo, podrás agregar o eliminar canales o cambiar la configuración de frecuencia según tus necesidades. Revisar y actualizar periódicamente sus frecuencias programadas garantiza que su radio esté siempre lista para usar en cualquier situación. Si utiliza software para la programación, conecte su radio a la computadora y haga una copia de seguridad de su configuración actual. Esta práctica no solo mantiene actualizada la configuración de su radio, sino que también brinda protección en caso de que necesite restaurar la radio a su configuración anterior.

La calidad del audio es otro aspecto que debe comprobarse periódicamente. Pruebe periódicamente el altavoz y el micrófono para asegurarse de que funcionen correctamente. Utilice la radio para comunicarse con otra unidad, escuche con claridad y compruebe si hay distorsión o estática. Si nota algún problema, inspeccione las aberturas del altavoz y del micrófono para detectar obstrucciones y límpielas según sea necesario. A veces, un altavoz o micrófono externo puede ayudar a identificar si el problema está en los componentes internos o en los accesorios.

Las actualizaciones de firmware son menos frecuentes pero igualmente importantes. Ocasionalmente, los fabricantes lanzan actualizaciones de firmware que corrigen errores, agregan funciones o mejoran el rendimiento de la radio. Consulte el sitio web del fabricante para conocer las actualizaciones disponibles para su modelo Baofeng. Siga cuidadosamente las instrucciones proporcionadas al actualizar el firmware, ya que los procedimientos incorrectos pueden hacer que la radio no funcione. La actualización periódica del firmware garantiza que su radio se beneficie de las últimas mejoras y correcciones.

También se deben inspeccionar periódicamente el clip para cinturón y cualquier otro accesorio. Asegúrese de que el clip para cinturón esté bien sujeto y libre de grietas u otros daños. Si utiliza otros accesorios, como un micrófono de altavoz o un cable de programación, verifique que no estén desgastados y asegúrese de que funcionen correctamente. Los accesorios dañados pueden afectar el rendimiento general de la radio y deben reemplazarse lo antes posible.

Guardar su radio Baofeng correctamente cuando no esté en uso también es parte de una buena práctica de mantenimiento. Mantenga la radio en una funda protectora para evitar daños físicos y la exposición al polvo y la humedad. Evite guardar la radio en temperaturas extremas, ya que esto puede dañar la batería y los componentes internos. Si utiliza su radio en entornos hostiles, considere medidas de protección adicionales, como estuches o cubiertas impermeables, para protegerlo de los elementos.

Mantener un registro de sus actividades de mantenimiento puede resultar muy útil. Registre las fechas y los detalles de sus inspecciones, limpiezas y cualquier problema que encuentre. Este registro puede ayudarle a identificar patrones o problemas recurrentes y garantizar que las tareas de mantenimiento se realicen con regularidad. También proporciona un historial del mantenimiento de su radio, que puede resultar útil si necesita diagnosticar problemas más complejos en el futuro.

El mantenimiento de rutina es esencial para mantener su radio Baofeng en óptimas condiciones. La limpieza periódica, la inspección de la antena y la batería, la verificación de los conectores, la actualización de la configuración de programación y la garantía de la calidad del audio son parte de una rutina de mantenimiento integral. Al realizar estas tareas en los intervalos recomendados, puede evitar muchos problemas comunes y garantizar que su radio siga siendo confiable y lista para usar cuando la necesite. El almacenamiento adecuado y el mantenimiento de un registro de mantenimiento mejoran aún más la longevidad y el rendimiento de su radio Baofeng, convirtiéndola en una herramienta confiable de comunicación en cualquier situación.

Ampliación de la vida útil de su radio Baofeng

Extender la vida útil de su radio Baofeng implica una combinación de almacenamiento adecuado, manejo cuidadoso y cuidado regular. Si sigue estas mejores prácticas, podrá asegurarse de que su radio siga funcionando y siendo confiable durante muchos años.

En primer lugar, la forma en que almacene su radio Baofeng puede afectar significativamente su longevidad. Cuando no esté en uso, es importante mantener la radio en un lugar fresco y seco. El calor y la humedad excesivos pueden dañar los componentes internos y degradar la batería con el tiempo. Evite guardar la radio bajo la luz solar directa o en ambientes con fluctuaciones extremas de temperatura. Una funda protectora puede ser una excelente inversión, ya que protege la radio de daños físicos y de la exposición al polvo y la humedad. Esto es particularmente útil si guarda la radio en un garaje, cobertizo u otros entornos menos controlados.

Manejar su radio Baofeng con cuidado es crucial para su longevidad. A pesar de estar diseñadas para un uso rudo, estas radios siguen siendo dispositivos electrónicos que pueden dañarse con un trato brusco. Cuando utilice la radio, evite dejarla caer o someterla a impactos fuertes. Los circuitos internos y la carcasa externa pueden verse comprometidos por tales impactos, provocando fallos de funcionamiento. Cuando transporte la radio, utilice un clip resistente para el cinturón o un cordón para evitar caídas accidentales. Si necesita transportar la radio, considere usar una bolsa o estuche acolchado para protegerla de golpes y empujones.

La limpieza periódica es otro aspecto importante para prolongar la vida útil de su radio Baofeng. El polvo, la suciedad y la mugre pueden acumularse en el exterior y en los botones y conectores, lo que provoca problemas operativos. Utilice un paño suave y seco para limpiar la superficie de la radio con regularidad. Para suciedad más rebelde, puedes humedecer ligeramente el paño con agua, pero evita el uso de productos químicos o disolventes agresivos que puedan dañar los componentes de plástico y goma. Preste especial atención a las áreas del altavoz, el micrófono y el teclado, asegurándose de que estén libres de residuos que puedan obstruir su funcionamiento.

La batería es un componente crítico de su radio Baofeng y tomar medidas para mantener su salud puede extender en gran medida la vida útil general del dispositivo. Empiece por cargar la batería correctamente. Las baterías modernas de iones de litio, como las que se utilizan en las radios Baofeng, no necesitan descargarse por completo antes de recargarlas. De hecho, la carga regular puede ayudar a mantener la salud de la batería. Sin embargo, es recomendable realizar un ciclo completo de descarga y recarga ocasionalmente para recalibrar el indicador de carga de la batería. Evite sobrecargar la batería, ya que esto puede provocar un sobrecalentamiento y reducir su vida útil. Si planea guardar la radio por un período prolongado, retire la batería y guárdela por separado en un lugar fresco y seco. Esto evita que la batería se degrade y tenga fugas con el tiempo.

Las inspecciones de rutina y los controles de mantenimiento también pueden ayudar a prolongar la vida útil de su radio Baofeng. Inspeccione periódicamente la antena para detectar signos de desgaste o daño, como grietas, dobleces o deshilachados. Una antena dañada puede afectar el rendimiento de la radio y debe reemplazarse lo antes posible. Compruebe los conectores en busca de suciedad y corrosión y límpielos según sea necesario con un cepillo suave o aire comprimido. Asegurarse de que los conectores estén limpios y libres de corrosión ayuda a mantener una conexión sólida y evita la pérdida de señal.

La actualización del firmware es otra tarea de mantenimiento importante. Ocasionalmente, los fabricantes lanzan actualizaciones de firmware para corregir errores, agregar funciones o mejorar el rendimiento. Consulte periódicamente el sitio web del fabricante para conocer las actualizaciones disponibles para su modelo Baofeng. Siga cuidadosamente las instrucciones proporcionadas al actualizar el firmware, ya que los procedimientos incorrectos pueden hacer que la radio no funcione. Mantener el firmware actualizado garantiza que su radio se beneficie de las últimas mejoras y correcciones.

El uso adecuado de los accesorios también puede contribuir a la longevidad de su radio Baofeng. Utilice únicamente accesorios recomendados por el fabricante, ya que es posible que los productos de terceros no cumplan con los mismos estándares de calidad y podrían dañar la radio. Por ejemplo, el uso de una antena externa mal fabricada podría ejercer una tensión innecesaria en el conector de la radio y provocar daños. De manera similar, el uso de baterías o cargadores no estándar podría provocar sobrecalentamiento y otros problemas.

Proteger su radio Baofeng de los peligros ambientales es otra práctica clave. Si utiliza la radio en condiciones difíciles, como durante actividades al aire libre o en ambientes polvorientos, considere medidas de protección adicionales. Los estuches o cubiertas impermeables pueden proteger la radio de la humedad, mientras que las cubiertas antipolvo pueden evitar que entren partículas en el dispositivo. Si la radio se moja, séquela bien antes de volver a usarla para evitar daños internos.

Mantener un registro de sus actividades de mantenimiento puede resultar muy útil. Registre las fechas y los detalles de sus inspecciones, limpiezas y cualquier problema que encuentre. Este registro puede ayudarle a identificar patrones o problemas recurrentes y garantizar que las tareas de mantenimiento se realicen con regularidad. También proporciona un historial del mantenimiento de su radio, que puede resultar útil si necesita diagnosticar problemas más complejos en el futuro.

El uso responsable de su radio Baofeng y dentro de los parámetros operativos previstos también es crucial para su longevidad. Evite transmitir durante períodos prolongados sin interrupciones, ya que esto puede provocar que la radio se sobrecaliente. Siga las pautas del fabricante para la configuración de energía y la duración de uso para evitar el sobrecalentamiento y otros problemas. El uso de la radio dentro de los rangos de frecuencia y límites de potencia especificados ayuda a evitar daños a los componentes internos.

Informarse sobre las mejores prácticas y mantenerse informado sobre las nuevas recomendaciones del fabricante puede ayudarle a aprovechar al máximo su radio Baofeng. Únase a grupos de usuarios o foros donde podrá aprender de las experiencias de otros usuarios y compartir sugerencias y consejos. Mantenerse conectado con la comunidad de usuarios puede brindarle información valiosa y mantenerlo actualizado sobre cualquier novedad o problema relacionado con su modelo de radio.

Extender la vida útil de su radio Baofeng implica una combinación de almacenamiento adecuado, manejo cuidadoso, limpieza regular y mantenimiento de rutina. Si sigue estas mejores prácticas, podrá asegurarse de que su radio siga funcionando y siendo confiable durante muchos años. El cuidado adecuado de la batería, el uso de accesorios recomendados, la protección contra riesgos ambientales y el uso responsable contribuyen a la longevidad de su radio Baofeng. Mantener un registro de mantenimiento y mantenerse informado sobre las mejores prácticas mejora aún más la durabilidad y el rendimiento de su dispositivo, convirtiéndolo en una herramienta confiable de comunicación en cualquier situación.

CAPÍTULO 9

Ejercicios y simulacros prácticos

Simulación de situaciones de emergencia para la práctica

Practicar con su radio Baofeng en situaciones de emergencia simuladas es una parte esencial para dominar su uso. Al participar en estos ejercicios y simulacros prácticos, podrá prepararse para escenarios del mundo real en los que la comunicación eficaz puede marcar una diferencia significativa. A continuación se incluyen algunas instrucciones detalladas y sugerencias para realizar estas simulaciones.

Comience organizando un simulacro básico de comunicación de emergencia dentro de su hogar. Esto puede involucrar a miembros de la familia o compañeros de casa para hacerlo más realista. Comience asignando a cada persona un rol, como coordinador, socorrista o persona que necesita ayuda. El objetivo es practicar el envío y la recepción de mensajes claros en condiciones controladas. Por ejemplo, podría simular un corte de energía y practicar la coordinación con otras personas para recolectar suministros, controlar a los vecinos e informar sobre las condiciones dentro de la casa. Asegúrese de que todos sepan cómo encender sus radios, ajustar el volumen y utilizar el botón PTT (presionar para hablar) de manera efectiva.

A continuación, amplíe el simulacro para incluir su vecindario o comunidad. Organiza un grupo de amigos o vecinos y explica el propósito del ejercicio. Simule una emergencia de mayor escala, como un desastre natural. Asigne diferentes ubicaciones y tareas a cada participante, como informar sobre carreteras bloqueadas, controlar a los vecinos mayores o coordinar un punto de encuentro. Utilice sus radios Baofeng para comunicarse entre estas ubicaciones, practicando el uso de la etiqueta de radio adecuada y asegurándose de que todos los mensajes sean claros y concisos. Esto le ayudará a comprender las limitaciones de alcance de sus radios y cómo transmitir mensajes si alguien está fuera del alcance de comunicación directa.

Para mejorar aún más tus habilidades, simula un escenario en el que uno o más miembros del equipo resultan heridos o atrapados. Este simulacro puede implicar estrategias de comunicación más complejas, como transmitir mensajes a través de múltiples radios o usar códigos o señales específicos para indicar diferentes tipos de emergencias. Por ejemplo, podrías establecer una palabra clave para una persona lesionada o un canal específico para comunicaciones urgentes. Practicar estos escenarios le ayuda a desarrollar rapidez de pensamiento y adaptabilidad, habilidades esenciales en emergencias reales.

Otro ejercicio valioso es simular la comunicación durante condiciones climáticas extremas. Si es seguro hacerlo, practique el uso de sus radios Baofeng durante una tormenta o condiciones de viento. Observe cómo los factores ambientales afectan su capacidad para oír y ser escuchado con claridad. Esto le ayudará a comprender la importancia de hablar lenta y claramente, proteger el micrófono del viento y utilizar ajustes de potencia más altos si es necesario. Si no es posible practicar al aire libre, use un ventilador u otro dispositivo que haga ruido en el interior para simular el ruido de fondo y practique cómo superar estos desafíos.

Incluya ejercicios nocturnos en su rutina de práctica. Operar una radio en condiciones de poca luz requiere estar familiarizado con el diseño y las funciones del dispositivo. Simule un corte de energía por la noche y practique cómo encontrar y usar su radio Baofeng en la oscuridad. Esto puede implicar practicar el cambio de canales, ajustar el volumen y enviar mensajes claros sin la ayuda de señales visuales. Usar un faro o una linterna puede ser una solución práctica, pero sentirse cómodo con la radio en condiciones de poca luz mejorará su preparación general.

Practicar la coordinación con los servicios de emergencia locales. Comuníquese con el departamento de bomberos, la estación de policía o la oficina de manejo de emergencias de su localidad y pregunte si realizan simulacros o ejercicios comunitarios. Participar en estos simulacros a mayor escala puede proporcionar información valiosa sobre cómo los socorristas profesionales se comunican y coordinan durante las emergencias. Si la participación directa no es posible, aún puedes aprender mucho observando y haciendo preguntas después.

Incorpora ejercicios de navegación en tus ejercicios. Practique el uso de su radio Baofeng para comunicarse mientras se desplaza de un lugar a otro. Esto puede ser tan simple como navegar por su casa o jardín o tan complejo como caminar por un parque local o una reserva natural. Practique dar y recibir direcciones, describir puntos de referencia e informar su posición. Esto es especialmente útil si necesita coordinar una operación de búsqueda o rescate en una emergencia real.

Otro ejercicio práctico consiste en la creación de un puesto de mando móvil. Reúna el equipo necesario, como baterías, antenas y fuentes de alimentación adicionales, y practique cómo establecer un centro de comunicaciones temporal. Esto podría ser en un vehículo, una tienda de campaña o incluso en una habitación designada de su casa. Simula diferentes escenarios en los que podrías necesitar mover el puesto de mando y mantener una comunicación efectiva. Este simulacro lo ayudará a comprender los desafíos logísticos de configurar y mantener una red de comunicación confiable en diversos entornos.

Participar en controles de radio regulares. Establezca una rutina en la que usted y su familia o miembros de la comunidad se comuniquen entre sí utilizando sus radios Baofeng en horarios designados. Esta podría ser una práctica diaria o semanal, según sus necesidades. Estos controles periódicos ayudan a garantizar que las radios de todos funcionen correctamente y que todos estén familiarizados con su uso. También ayuda a reforzar el hábito de mantener la radio cargada y lista para usar.

Incorpora juegos de roles en tus ejercicios. Asigne diferentes roles y responsabilidades a cada participante, como un líder de equipo, un médico o un coordinador de logística. Representar diferentes escenarios puede ayudarle a comprender las diversas necesidades de comunicación y los desafíos que cada rol puede encontrar. Por ejemplo, el líder del equipo podría necesitar coordinar varios equipos, mientras que el médico podría necesitar solicitar suministros o asistencia específicos.

Practicar estos roles ayuda a desarrollar una comprensión más profunda de cómo comunicarse de manera efectiva en diferentes situaciones.

Informe después de cada ejercicio. Después de completar un simulacro, reúna a todos los participantes y analice qué salió bien y qué podría mejorarse. Esta sesión de retroalimentación es crucial para identificar áreas de debilidad y hacer ajustes a sus planes y prácticas de comunicación. Anime a todos a compartir sus experiencias y sugerencias, y documente cualquier cambio o mejora para implementar en futuros simulacros.

Los ejercicios y simulacros prácticos son esenciales para dominar su radio Baofeng y prepararse para emergencias del mundo real. Al simular varios escenarios, practicar en diferentes condiciones y participar en simulacros regulares, puede desarrollar las habilidades y la confianza necesarias para comunicarse de manera efectiva durante las emergencias. Estos ejercicios no sólo mejoran sus habilidades técnicas sino que también mejoran su capacidad para pensar críticamente, coordinarse con los demás y mantener la calma bajo presión. Ya sea que esté practicando con familiares, amigos o miembros de la comunidad, estos simulacros son una parte invaluable de su estrategia de preparación para emergencias.

Realización de pruebas de alcance y comprobaciones de señal

Realizar pruebas de alcance y comprobaciones de señal para sus radios Baofeng es esencial para garantizar que funcionen de manera óptima, especialmente en situaciones críticas. Comprender el alcance efectivo de sus radios y qué tan bien funcionan en diversas condiciones le brindará la confianza y confiabilidad necesarias durante las emergencias. Aquí encontrará una guía completa que le ayudará a realizar estas pruebas y controles de manera eficiente.

Comience por reunir su equipo. Necesitará sus radios Baofeng, baterías completamente cargadas, un bloc de notas para registrar los resultados y un conocimiento básico del terreno donde realizará las pruebas. Elija un área que incluya varios entornos, como campos abiertos, entornos urbanos con edificios y áreas boscosas para ver cómo los diferentes entornos afectan la intensidad y el alcance de la señal.

Comience con una inspección preliminar en el interior. Con ambas radios encendidas, coloque una en un lugar fijo y camine por la casa con la otra. Comuníquese de un lado a otro, observando cualquier área donde la señal caiga o se debilite. Esta sencilla prueba le ayudará a comprender cómo las paredes, los muebles y otros obstáculos interiores pueden afectar el rendimiento de su radio. También es un buen momento para practicar cómo ajustar el volumen y utilizar la función de silenciamiento para filtrar el ruido de fondo.

A continuación, salga al aire libre para realizar pruebas de campo en un campo abierto. Comience colocando una radio en un punto fijo y aléjese con la otra. Cada 100 metros, deténgase y realice una verificación de la señal transmitiendo un mensaje y observando la claridad de la recepción. Asegúrese de registrar la distancia y la calidad de la señal en su bloc de notas. Esto le ayuda a establecer el alcance máximo efectivo de sus radios en condiciones ideales y sin obstáculos.

Después de realizar pruebas en campos abiertos, muévase a un entorno urbano con edificios y otras estructuras. Las áreas urbanas pueden afectar significativamente el rendimiento de la radio debido a la presencia de paredes, estructuras metálicas e interferencias electrónicas. Repita la prueba de alcance, deteniéndose a intervalos regulares para realizar comprobaciones de señal. Tenga en cuenta las diferencias en la intensidad y claridad de la señal en comparación con las pruebas de campo abierto. Esta información es crucial para comprender cómo funcionarán sus radios en un entorno de ciudad o pueblo.

Para la siguiente prueba, dirígete a una zona boscosa o a un lugar con vegetación densa. Los árboles y el follaje también pueden afectar la transmisión de señales. Realice las mismas pruebas de alcance, alejándose del punto de radio fijo y deteniéndose para comprobar la señal a distancias regulares. Preste atención a cómo el entorno natural afecta el rendimiento de su radio y registre sus hallazgos. Esto le ayudará a prepararse para situaciones en las que pueda necesitar comunicarse en bosques o zonas rurales.

Además, pruebe sus radios en terrenos montañosos o montañosos si es posible. Los cambios de elevación pueden afectar el alcance y la calidad de la señal. Realice sus pruebas de alcance tanto cuesta arriba como cuesta abajo, observando cualquier diferencia en el rendimiento. Comprender cómo funcionan sus radios en diversas topografías le brindará una visión integral de sus capacidades.

Mientras realiza estas pruebas, experimente con diferentes configuraciones de energía en sus radios Baofeng. La mayoría de los modelos le permiten cambiar entre los modos de baja y alta potencia. Utilice la configuración de baja potencia para comunicaciones de corto alcance para conservar la vida útil de la batería y cambie a alta potencia para distancias más largas. Tenga en cuenta cómo cambiar la configuración de energía afecta el alcance y la claridad de la señal durante sus pruebas.

Incluya controles de señal en diferentes momentos del día. Las condiciones ambientales, como el clima y la hora del día, pueden afectar el rendimiento de la radio. Realice pruebas por la mañana, tarde y noche para ver si hay variaciones en la intensidad de la señal. Por ejemplo, la propagación de la señal puede ser diferente durante las temperaturas más frías de la mañana en comparación con el calor de la tarde.

No olvides probar diferentes frecuencias y canales. Las radios Baofeng pueden funcionar en múltiples bandas de frecuencia, incluidas VHF (muy alta frecuencia) y UHF (ultra alta frecuencia). Realice sus pruebas de alcance utilizando ambas bandas de frecuencia para determinar cuál proporciona mejor rendimiento en diferentes entornos. Las señales VHF suelen funcionar mejor en áreas abiertas, mientras que las señales UHF pueden penetrar edificios y vegetación densa de manera más efectiva.

Para mejorar sus pruebas de alcance, involucre a un amigo o familiar. Haga que una persona permanezca con la radio fija mientras la otra realiza las pruebas. Esto hará que la comunicación sea más fácil y eficiente. Asegúrese de utilizar un lenguaje claro y conciso durante las comprobaciones de señal para evaluar con precisión la calidad de la transmisión.

Incorpora también pruebas móviles. Si tiene acceso a un vehículo, realice pruebas de alcance mientras conduce. Esto simula escenarios en los que es posible que necesite comunicarse mientras está en movimiento. Aléjese del punto de radio fijo, deteniéndose a intervalos regulares para comprobar la señal. Registre las distancias y la calidad de la comunicación para comprender cómo funcionan sus radios en un entorno móvil.

Además de las pruebas de alcance, realice comprobaciones de señales en diferentes condiciones climáticas. La lluvia, la nieve y la niebla pueden afectar el rendimiento de la radio. Si es posible, realice pruebas durante diversos escenarios climáticos para ver cómo sus radios manejan estas condiciones. Esto le ayudará a prepararse para comunicarse en situaciones climáticas adversas.

Para una evaluación integral, pruebe sus radios con diferentes antenas. Las radios Baofeng suelen venir con una antena estándar, pero actualizar a una antena de mayor ganancia puede mejorar el rendimiento. Realice sus pruebas de alcance con las antenas estándar y mejoradas para comparar los resultados. Esto le ayudará a decidir si vale la pena invertir en una mejor antena para sus necesidades.

Documente todos sus hallazgos de manera organizada. Cree un gráfico u hoja de cálculo que incluya el entorno de prueba, la distancia, la calidad de la señal, la configuración de energía, la banda de frecuencia y cualquier otro detalle relevante. Esta documentación servirá como una referencia valiosa para comprender las capacidades y limitaciones de sus radios Baofeng.

Después de completar sus pruebas, revise los datos para identificar patrones y conocimientos. Determine el alcance efectivo máximo de sus radios en diferentes entornos y tenga en cuenta cualquier factor que afecte constantemente el rendimiento. Utilice esta información para optimizar sus planes y estrategias de comunicación.

Repita periódicamente estas pruebas para asegurarse de que sus radios sigan funcionando de manera óptima. Con el tiempo, factores como el estado de la batería y el desgaste de la antena pueden afectar el rendimiento. Las pruebas periódicas lo ayudarán a mantenerse preparado y confiado en las capacidades de su radio.

Al realizar pruebas exhaustivas de alcance y comprobaciones de señal, puede asegurarse de que sus radios Baofeng funcionen de manera óptima y comprender cómo utilizarlas mejor en diversos escenarios. Este conocimiento es invaluable para mantener una comunicación confiable durante emergencias y otras situaciones críticas.

Simulacros de coordinación y comunicación de equipos

La coordinación y comunicación efectiva del equipo son habilidades vitales para cualquier grupo que dependa de radios Baofeng, particularmente en emergencias o durante escenarios de supervivencia. Practicar estas habilidades mediante simulacros bien diseñados puede ayudar a garantizar que los miembros del equipo puedan comunicarse de forma clara y eficiente bajo presión. A continuación se muestran algunos ejercicios diseñados para mejorar la coordinación y comunicación del equipo utilizando radios Baofeng.

Comience presentando los principios básicos de la comunicación por radio a todos los miembros del equipo. Esto incluye comprender la importancia de un lenguaje claro y conciso, la etiqueta radiofónica adecuada y el uso de distintivos de llamada para identificar quién está hablando. Asegúrese de que todos estén familiarizados con los controles y las funciones básicas de la radio, como transmitir, recibir y ajustar el volumen y el silenciamiento.

Comience con un sencillo ejercicio de retransmisión de comunicación. Coloque a los miembros del equipo a intervalos a lo largo de una ruta predeterminada, como un sendero o una serie de puntos de control dentro de un parque. La primera persona envía un mensaje a la siguiente, quien luego lo transmite a la siguiente, y así sucesivamente. La última persona de la cadena regresa al punto de partida con el mensaje. Este ejercicio resalta la importancia de una comunicación clara y ayuda a los miembros del equipo a practicar cómo transmitir mensajes con precisión.

A continuación, pase a un simulacro de coordinación que incluya una búsqueda del tesoro. Divida al equipo en parejas o grupos pequeños, cada uno con una radio Baofeng. Proporcione a cada grupo una lista de elementos para encontrar dentro de un área específica. Los grupos deben comunicarse entre sí para compartir sus hallazgos y coordinar sus esfuerzos. Este ejercicio promueve el trabajo en equipo y garantiza que todos se mantengan conectados y conscientes del progreso del grupo.

Incorporar un ejercicio basado en escenarios, como una operación simulada de búsqueda y rescate. Cree un escenario en el que se deba encontrar a una persona "perdida" dentro de un área designada. Asigne roles a los miembros del equipo, como buscadores, coordinadores y un comando de base. Los buscadores informan sus hallazgos y ubicaciones al comando de la base, quien luego coordina el esfuerzo de búsqueda general. Este ejercicio enfatiza la importancia de una comunicación clara y jerárquica y de un intercambio eficiente de información.

Otro ejercicio valioso es el ejercicio de carrera de obstáculos. Establece una carrera de obstáculos con varios desafíos físicos y mentales. Divida el equipo en dos grupos: un grupo navega por el curso mientras el otro brinda orientación y apoyo por radio. El grupo en el curso describe los obstáculos y su progreso, mientras que el grupo de apoyo ofrece direcciones y soluciones. Este ejercicio refuerza la necesidad de una comunicación precisa y una escucha activa.

Para un ejercicio más avanzado, realice un simulacro de evacuación de emergencia. Cree un escenario en el que el equipo deba evacuar un edificio o área debido a un peligro, como un incendio o un desastre natural. Asigne diferentes roles, como líder de equipo, oficial de seguridad y líderes de grupos individuales. Los miembros del equipo deben usar sus radios para coordinar la evacuación, asegurando que todos lleguen a un lugar seguro. Este ejercicio pone a prueba la capacidad del equipo para gestionar el estrés y mantener una comunicación clara bajo presión.

Incorporar simulacros nocturnos para practicar la comunicación en condiciones de baja visibilidad. Realice un ejercicio de navegación en un entorno oscuro o con poca iluminación, donde los miembros del equipo deben confiar en sus radios para guiarse entre sí. Este ejercicio ayuda a mejorar las habilidades de comunicación verbal y genera confianza entre los miembros del equipo, ya que deben describir con precisión su entorno y sus movimientos.

Un escenario de juego de roles también puede resultar eficaz. Cree una situación de emergencia simulada, como un desastre natural o un encuentro hostil. Asigne roles específicos a cada miembro del equipo, como socorristas, personal médico y seguridad. Cada rol tiene responsabilidades distintas y debe comunicarse efectivamente con otros para manejar la situación. Este ejercicio ayuda a los miembros del equipo a comprender la importancia de sus funciones y la necesidad de esfuerzos coordinados.

Integre tareas urgentes en sus ejercicios. Por ejemplo, establezca un desafío en el que el equipo deba completar una serie de tareas en un período de tiempo limitado, como montar un refugio temporal o reunir suministros de emergencia. Los miembros del equipo deben usar sus radios para coordinar sus acciones y garantizar que todas las tareas se completen de manera eficiente. Este ejercicio enfatiza la necesidad de una comunicación y toma de decisiones rápidas y efectivas.

También se puede adaptar una carrera de relevos para la práctica de las comunicaciones por radio. Cree un recorrido con varios puntos de control, cada uno a cargo de un miembro del equipo. Los equipos deben transmitir información e instrucciones de un punto de control al siguiente por radio. Este simulacro fomenta la comunicación precisa y oportuna, así como el trabajo en equipo y la coordinación.

Para un ejercicio de planificación estratégica, cree un escenario que requiera que el equipo desarrolle e implemente un plan de comunicación detallado. Presente una situación, como una expedición de varios días o una operación de rescate compleja, y haga que el equipo diseñe un plan que describa las funciones, los protocolos de comunicación y las medidas de contingencia. Una vez que el plan esté implementado, simule el escenario y haga que el equipo ejecute su plan, ajustándolo según sea necesario en función de la comunicación en tiempo real.

Para mejorar el realismo de sus ejercicios, utilice accesorios y obstáculos simulados. Por ejemplo, utilice barreras portátiles para crear muros y obstáculos simulados, o utilice ayudas visuales para representar peligros y objetivos. Estas adiciones hacen que los ejercicios sean más atractivos y ayudan a los miembros del equipo a practicar la navegación y la comunicación en escenarios realistas.

Informe periódicamente después de cada ejercicio para analizar qué funcionó bien y qué podría mejorarse. Anime a los miembros del equipo a compartir sus experiencias y puntos de vista, centrándose en áreas donde la comunicación falló o podría mejorarse. Este circuito de retroalimentación es crucial para la mejora continua y ayuda a construir un equipo más fuerte y cohesivo.

Asegúrese de que todos los simulacros se realicen en un entorno seguro y controlado. Si bien es importante simular escenarios realistas, la seguridad siempre debe ser la máxima prioridad. Supervise los ejercicios de cerca y esté preparado para intervenir si surge algún problema.

Rote los roles de liderazgo durante los simulacros para brindarles a todos los miembros del equipo experiencia en diferentes posiciones. Esto ayuda a que todos comprendan los desafíos y responsabilidades asociados con cada rol, fomentando la empatía y una mejor cooperación.

Incorpora sesiones de práctica periódicas a la rutina de tu equipo. La práctica constante ayuda a reforzar las habilidades y mantiene a los miembros del equipo familiarizados con sus radios y protocolos de comunicación. También desarrolla la memoria muscular, de modo que, en una emergencia real, el equipo pueda responder de forma rápida y eficaz.

Anime a los miembros del equipo a mantenerse actualizados con sus habilidades de radio participando en clubes de radioaficionados locales o grupos de comunicación de emergencia. Estas organizaciones suelen realizar simulacros periódicos y ofrecen oportunidades de capacitación adicionales.

La coordinación y comunicación efectiva del equipo son cruciales para cualquier grupo que dependa de las radios Baofeng, especialmente en situaciones de alto riesgo. Al practicar regularmente estos simulacros y ejercicios, los miembros del equipo pueden desarrollar las habilidades y la confianza necesarias para comunicarse de manera clara y eficiente, asegurando que estén preparados para cualquier escenario que pueda surgir.

CAPÍTULO 10

Más allá de lo básico: técnicas y recursos avanzados

Utilización de repetidores de banda cruzada y APRS

Los repetidores de banda cruzada y el Sistema automático de notificación de paquetes (APRS) son técnicas avanzadas que pueden mejorar significativamente la funcionalidad y el alcance de las radios Baofeng. Comprender y utilizar estas herramientas puede proporcionar niveles adicionales de capacidad de comunicación, lo que las hace invaluables tanto para los aficionados como para los entusiastas de la preparación para emergencias.

Los repetidores de banda cruzada son un método para ampliar el alcance de su comunicación por radio utilizando una segunda radio para recibir una señal en una frecuencia y retransmitirla en otra. Esto es particularmente útil en escenarios donde la comunicación directa entre dos radios no es posible debido a la distancia u obstáculos como edificios o terreno. Para configurar un repetidor de banda cruzada, necesitará una radio de doble banda capaz de realizar esta función, que son compatibles con muchos modelos de gama alta.

Comience seleccionando dos frecuencias: una para la entrada y otra para la salida. La frecuencia de entrada es aquella en la que transmitirá su radio Baofeng portátil, y la frecuencia de salida es la que retransmitirá el repetidor de banda cruzada. Asegúrese de que estas frecuencias estén dentro de las bandas legales permitidas por su licencia y que estén libres de interferencias. Coloque el repetidor de banda cruzada en un lugar donde tenga una línea de visión clara tanto para sus radios transmisoras como receptoras. Esta configuración crea efectivamente un puente, permitiendo que su radio Baofeng se comunique a distancias mucho mayores de lo que podría hacerlo por sí solo.

Una vez configuradas sus frecuencias, configure su radio repetidora de banda cruzada para recibir en la frecuencia de entrada y transmitir en la frecuencia de salida. Asegúrese de que ambas radios estén en los mismos tonos CTCSS o DCS si está utilizando estas funciones de privacidad. Pruebe la configuración transmitiendo desde su radio Baofeng y escuchando la señal repetida en otra radio. Si la configuración es correcta, debería poder escuchar la transmisión repetida, ampliando su alcance de comunicación.

El Sistema Automático de Informes de Paquetes (APRS) es otra técnica avanzada que combina datos de GPS con comunicación por radio para proporcionar información en tiempo real sobre la ubicación y el estado de los operadores de radio.

APRS se puede utilizar para rastrear la posición de los miembros del equipo durante actividades al aire libre, coordinar operaciones de búsqueda y rescate o incluso enviar mensajes cortos. Para utilizar APRS con una radio Baofeng, necesitará equipo adicional, como un receptor GPS y un controlador de nodo terminal (TNC), que conecta la radio con el GPS.

Comience conectando su receptor GPS al TNC. El TNC convertirá los datos del GPS a un formato que pueda transmitirse por radio. A continuación, conecte el TNC a su radio Baofeng utilizando los cables adecuados. Configure el TNC para enviar los datos del GPS a intervalos regulares. Esto generalmente se hace a través de una interfaz de software en su computadora, donde puede configurar parámetros como el intervalo entre informes de posición y la frecuencia con la que se transmitirán los datos.

Seleccione una frecuencia para sus transmisiones APRS. En Estados Unidos, la frecuencia APRS estándar es 144,390 MHz. Asegúrese de que su radio esté configurada en esta frecuencia y que esté programada para transmitir los datos APRS desde el TNC. Cuando todo esté configurado correctamente, su ubicación GPS se transmitirá por radio y podrá ser recibida por otras radios habilitadas para APRS o puertas de enlace de Internet que publiquen los datos en mapas en línea.

Las aplicaciones prácticas de los repetidores de banda cruzada y APRS son numerosas. Por ejemplo, en una operación de búsqueda y rescate a gran escala, un repetidor de banda cruzada puede garantizar que todos los miembros del equipo permanezcan en comunicación, incluso si están dispersos en un área amplia. APRS puede proporcionar seguimiento en tiempo real de la ubicación de cada miembro del equipo, lo cual es invaluable para coordinar esfuerzos y garantizar la seguridad de todos. En escenarios de respuesta a desastres, estas herramientas pueden ayudar a mantener la comunicación cuando la infraestructura tradicional se ve comprometida.

Para el uso diario, los repetidores de banda cruzada pueden mejorar la experiencia de los radioaficionados al permitirles participar en redes o conversaciones que de otro modo estarían fuera del alcance de su radio. APRS se puede utilizar para una variedad de aplicaciones, desde rastrear la posición de un grupo de excursionistas hasta configurar estaciones meteorológicas que transmiten datos ambientales a través de ondas de radio.

Para comenzar con estas técnicas avanzadas, considere invertir en una radio de alta gama que admita repetición entre bandas y un TNC para APRS. Muchas comunidades y clubes de radioaficionados ofrecen recursos y apoyo para aprender estas tecnologías, incluidos foros en línea, reuniones locales y sesiones de capacitación. La utilización de estos recursos puede ayudarle a comprender los aspectos técnicos y las mejores prácticas para configurar y utilizar repetidores de banda cruzada y APRS.

La práctica regular y la experimentación son clave para dominar estas técnicas avanzadas. Organice simulacros regulares para probar la configuración de su repetidor de banda cruzada, asegurándose de que todos los miembros del equipo sepan cómo usarlo de manera efectiva. De manera similar, practique el uso de APRS en diferentes escenarios para comprender sus capacidades y limitaciones. Preste atención también al mantenimiento de su equipo. Asegúrese de que sus radios, TNC y receptores GPS estén en buen estado de funcionamiento y que todos los cables y conexiones estén seguros.

Cumpla siempre con los requisitos legales y reglamentarios al utilizar estas técnicas avanzadas. Asegúrese de estar operando dentro de las bandas de frecuencia permitidas por su licencia y de seguir todas las pautas establecidas por la FCC o la autoridad pertinente en su país. El uso responsable de repetidores de banda cruzada y APRS no solo garantiza el cumplimiento sino que también promueve buenas prácticas dentro de la comunidad radiofónica.

Los repetidores de banda cruzada y APRS son herramientas poderosas que pueden mejorar en gran medida las capacidades de su radio Baofeng. Al comprender los principios detrás de estas tecnologías y practicar su uso, puede ampliar su alcance de comunicación, mejorar la coordinación en las actividades del equipo y garantizar una comunicación efectiva en una variedad de escenarios. Si usted es un aficionado que busca explorar nuevas facetas de la comunicación por radio o un entusiasta de la preparación que busca opciones de comunicación confiables, estas técnicas avanzadas ofrecen posibilidades interesantes.

Explorando los modos digitales y la radio por paquetes

Los modos digitales y la radio por paquetes representan una frontera apasionante en la comunicación de radioaficionados, ya que proporcionan nuevos métodos para transmitir datos y ampliar las capacidades de su radio Baofeng. Comprender estas técnicas de comunicación avanzadas puede mejorar su experiencia de radio, permitiéndole transmitir texto, imágenes y otros datos por ondas.

Los modos digitales se refieren a métodos de codificación y transmisión de datos utilizando señales digitales en lugar de métodos analógicos tradicionales. Esto permite un uso más eficiente del espectro de radio y la capacidad de enviar varios tipos de datos, como mensajes de texto, imágenes e incluso archivos. Uno de los modos digitales más populares es la manipulación por desplazamiento de frecuencia (FSK), que cambia la frecuencia de la señal portadora para representar datos. Otro modo común es el cambio de fase (PSK), que cambia la fase de la señal portadora. Estos modos digitales se pueden utilizar con su radio Baofeng conectándola a una computadora que ejecute el software adecuado.

Para configurar modos digitales en su radio Baofeng, necesitará un dispositivo de interfaz para conectar su radio a su computadora. Este dispositivo convierte las señales digitales de su computadora en señales de audio que su radio puede transmitir y viceversa. Una vez que tenga esta interfaz, instale el software de modo digital en su computadora. Las opciones populares incluyen FLDIGI y Ham Radio Deluxe, que admiten una amplia gama de modos digitales. Configure el software seleccionando los dispositivos de entrada y salida de audio correctos, generalmente correspondientes a la interfaz que conectó a su radio.

Después de configurar el software, sintonice su radio Baofeng a una frecuencia en la que se utilicen comúnmente las transmisiones en modo digital. Las frecuencias del modo digital varían según la banda en la que esté operando, así que consulte los planes de banda y la práctica local para encontrar la frecuencia correcta. Una vez sintonizado, utilice el software para generar una señal digital. Por ejemplo, puede escribir un mensaje en el campo de entrada de texto del software y el software lo convertirá en una serie de tonos que transmitirá su radio. De manera similar, cuando su radio recibe señales digitales, el software las decodificará y mostrará el texto o los datos recibidos en la pantalla de su computadora.

La radio por paquetes es un tipo de modo digital diseñado específicamente para transmitir paquetes de datos a través de ondas de radio. Utiliza el protocolo AX.25, que es similar a los protocolos utilizados para la transmisión de datos a través de Internet. La radio por paquetes permite la transmisión de mensajes de texto, transferencias de archivos e incluso conectividad a Internet en algunas configuraciones. Para utilizar la radio por paquetes con su radio Baofeng, necesitará un controlador de nodo terminal (TNC) o una computadora con software que emule un TNC.

Configurar la radio por paquetes implica conectar su TNC a su radio Baofeng y a su computadora. El TNC convierte los datos digitales de su computadora en señales de audio que su radio puede transmitir. Las TNC más populares incluyen Kantronics KPC-3+ y MFJ-1270C. Si prefiere una solución de software, programas como Direwolf pueden emular un TNC usando la tarjeta de sonido de su computadora. Configure el TNC o el software para que coincida con la configuración de entrada y salida de audio de su radio.

Una vez que todo esté conectado y configurado, seleccione una frecuencia designada para radio por paquetes. Las frecuencias de la radio por paquetes varían según la región, pero 145,010 MHz es una frecuencia común para la radio por paquetes VHF en muchas áreas. Utilice su software de radio por paquetes para redactar un mensaje o seleccionar un archivo para transmitir. El software dividirá los datos en paquetes y los enviará por aire. Cuando su radio recibe paquetes, el TNC o el software los volverá a ensamblar y mostrará el mensaje o archivo en su computadora.

La radio por paquetes es particularmente útil para las comunicaciones de emergencia porque permite una transmisión de datos confiable incluso en malas condiciones. Se puede utilizar para enviar mensajes a otros operadores de radio, transferir archivos o conectarse a sistemas de tablones de anuncios de radio por paquetes (BBS). Estos BBS actúan como foros de mensajes de Internet tradicionales, permitiendo a los usuarios publicar y leer mensajes de forma asincrónica. La radio por paquetes también puede interactuar con el Sistema automático de informes de paquetes (APRS), lo que permite el seguimiento y la mensajería en tiempo real.

Una de las interesantes aplicaciones de los modos digitales y la radio por paquetes es su integración con Internet. Al conectarse a una puerta de enlace de Internet, conocida como Nodo de enlace de Internet (ILN), puede extender su comunicación por radio más allá del alcance de las ondas de radio tradicionales. Estos nodos transmiten señales de radio a través de Internet, lo que le permite comunicarse con operadores de radio de todo el mundo. Programas como EchoLink e IRLP facilitan esta conectividad al vincular radios a Internet, lo que permite participar en redes y conversaciones mucho más allá de su área local.

Para utilizar EchoLink con su radio Baofeng, regístrese para obtener una cuenta EchoLink y descargue el software EchoLink. Conecte su radio a su computadora usando una interfaz, similar a la configuración para modos digitales. Sintonice su radio en la frecuencia de un nodo EchoLink local, que puede encontrar en el directorio de EchoLink.

Utilice el software para conectarse al nodo y, una vez conectado, podrá comunicarse con otros usuarios de EchoLink en todo el mundo a través de su radio Baofeng.

De manera similar, IRLP (Internet Radio Linking Project) permite que las radios se conecten entre sí a través de Internet. A diferencia de EchoLink, que utiliza una interfaz de computadora, los nodos IRLP son dispositivos de hardware dedicados conectados a Internet y a una radio. Para usar IRLP, sintonice su radio Baofeng a una frecuencia de nodo IRLP y siga las instrucciones para acceder al nodo, que generalmente implican ingresar un código DTMF (multifrecuencia de doble tono) específico en su radio.

Los modos digitales y la radio por paquetes abren un mundo de posibilidades para los usuarios de radio Baofeng. Estas técnicas avanzadas permiten una transmisión de datos eficiente, una comunicación confiable en condiciones difíciles y conectividad con una comunidad global de operadores de radio. Al comprender y utilizar estas tecnologías, puede mejorar significativamente sus capacidades de comunicación por radio, ya sea como pasatiempo o como preparación para emergencias. La práctica regular y la experimentación con modos digitales y radio por paquetes le ayudarán a dominar estas técnicas avanzadas, haciendo de su radio Baofeng una herramienta aún más poderosa.

CONCLUSIÓN

Dominar el uso de su radio Baofeng no es un logro único, sino un proceso continuo que requiere práctica y compromiso regulares. La práctica continua es esencial para garantizar que siempre esté preparado para utilizar su radio de manera efectiva en cualquier situación, ya sea para comunicaciones diarias, escenarios de emergencia o para mejorar sus habilidades de supervivencia. El uso regular de su radio Baofeng ayuda a familiarizarse con sus características y funcionalidades, convirtiéndola en algo natural cuando más la necesita.

Una de las mejores maneras de mantener tus habilidades al día es incorporando la radio a tu rutina diaria. Úselo para comunicarse con amigos o entusiastas de la radio local. Esto no sólo le ayuda a sentirse cómodo con las operaciones básicas, sino que también le permite explorar funciones avanzadas y solucionar cualquier problema que surja. Participar en clubes de radioaficionados locales o comunidades en línea puede brindar oportunidades de práctica adicionales y comentarios valiosos de operadores más experimentados.

Además del uso diario, son beneficiosas las sesiones de práctica programadas. Reserve tiempo cada semana para revisar las diversas funciones de su radio, como programar frecuencias, ajustar configuraciones y realizar pruebas de alcance. Practique el uso de diferentes modos y funciones como VOX, vigilancia dual y modos digitales para asegurarse de poder utilizarlos sin problemas. La práctica de rutina ayuda a reforzar sus conocimientos y descubre áreas en las que puede necesitar mejorar aún más.

La preparación es la piedra angular de una comunicación eficaz, especialmente en situaciones de emergencia. Es importante probar periódicamente sus planes de comunicación de emergencia. Simule diferentes escenarios, como cortes de energía o desastres naturales, para practicar su respuesta e identificar cualquier debilidad en su plan. Asegúrese de que los miembros de su familia o equipo también estén familiarizados con estos planes y puedan operar las radios si es necesario. Esta preparación colectiva garantiza que todos sepan qué hacer y cómo comunicarse durante una emergencia real.

El mantenimiento de su equipo es otro aspecto crítico de la preparación. Revise periódicamente su radio y sus accesorios para detectar signos de desgaste o daños. Realice tareas de mantenimiento de rutina, como limpiar su radio, verificar el estado de la batería e inspeccionar antenas. Mantener su equipo en buenas condiciones de funcionamiento garantiza que funcionará correctamente cuando más lo necesite. Reemplace cualquier componente defectuoso inmediatamente para evitar fallas inesperadas.

A medida que continúe desarrollando sus habilidades radiofónicas, busque nuevas oportunidades de aprendizaje. Asista a talleres, seminarios web o sesiones de capacitación ofrecidos por organizaciones de radioaficionados. Estos eventos a menudo cubren temas avanzados y brindan experiencia práctica con diferentes equipos y técnicas. Leer libros, artículos y recursos en línea sobre radioaficionados también puede ampliar sus conocimientos e introducirle nuevas prácticas.

Aprender de los demás es invaluable. Interactúe con operadores de radio más experimentados que puedan ofrecer consejos, compartir sus experiencias y brindar orientación. La tutoría y la colaboración dentro de la comunidad de radio pueden acelerar su aprendizaje y exponerlo a prácticas y técnicas avanzadas que quizás no descubra por su cuenta.

Manténgase informado sobre cambios en regulaciones y mejores prácticas. El mundo de las comunicaciones por radio es dinámico, con avances tecnológicos y actualizaciones regulatorias que se producen periódicamente. Mantenerse actualizado garantiza que opera dentro de los límites legales y utiliza las últimas herramientas y métodos para una comunicación efectiva.

A medida que perfecciones tus habilidades y conocimientos, comparte lo que has aprendido con otros. Enseñar y asesorar a nuevos operadores de radio refuerza su comprensión y ayuda a construir una comunidad más fuerte y preparada. Ya sea a través de instrucción formal o conversaciones informales, sus contribuciones pueden inspirar y educar a otros sobre la importancia de una comunicación y preparación efectivas.

Abrace el viaje del aprendizaje y la mejora continua. El compromiso con la práctica regular y la educación continua es crucial para convertirse en un operador de radio Baofeng competente. Cada sesión de práctica, ejercicio o experiencia de aprendizaje lo acerca un paso más a dominar el arte de la comunicación por radio. Celebre su progreso, mantenga la curiosidad y nunca dude en explorar nuevos aspectos de este fascinante campo.

No se puede subestimar la importancia de la práctica y la preparación continuas. El uso y mantenimiento regulares de su radio Baofeng, junto con el aprendizaje continuo y la participación de la comunidad, garantizarán que esté siempre listo para comunicarse de manera efectiva en cualquier situación. Manténgase comprometido con su camino de preparación y siéntase orgulloso de las habilidades que desarrolla y del conocimiento que adquiere. Al hacerlo, no sólo mejorará sus propias capacidades sino que también contribuirá a la seguridad y preparación de quienes lo rodean.